北京教育学院首届"教师学习与专业发展"国际研讨会学术成果

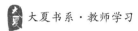
大夏书系·教师学习

Teacher Learning and
Professional Development

教师学习与专业发展
历史回溯与未来展望

何劲松　主编
钟祖荣　李　雯　副主编

华东师范大学出版社
全国百佳图书出版单位
·上海·

序

　　2018 年是贯彻党的十九大精神的开局之年，是中国改革开放的 40 周年，也是决胜全面建成小康社会、实施"十三五"规划承上启下的关键一年。就教育领域而言，2018 年可以说是中国教师教育元年。2018 年 1 月，中共中央国务院印发了《关于全面深化新时代教师队伍建设改革的意见》，这是新中国成立以来党中央出台的第一个专门面向教师队伍建设的里程碑式政策文件，对如何建设一支高素质、专业化的教师队伍做出了国家层面的战略部署。2018 年 3 月，教育部等五部门联合印发了《教师教育振兴行动计划（2018–2022）》，明确提出了完善各级各类教师教育的重要举措。2018 年 9 月，我国召开了第四次全国教育工作会议，习近平总书记在会上强调指出，育才由育师始，育人者先受教育，把教师教育作为建设一支宏大的高素质、专业化教师队伍的重要基础。2018 年 10 月，北京市率先召开全市教育大会，健全首都教育"4+N"政策体系，对加强教师队伍建设予以高度重视。由此，提升教师教育质量已成为党和国家在新时代教育发展中的关键领域和重要环节。

　　2018 年也是北京教育学院成立 65 周年。北京教育学院作为专门从事教师职后教育学术研究与实践探索的高等院校，始终坚持服务基础教育改革与发展的办学道路，以促进干部教师专业成长和学校办学质量提升为己任，为北京市基础教育改革与发展提供了专业的智力支持，发挥了重要的推动作用。

　　面向新时代，北京教育学院锐意探索教师职后教育的专业发展路径，积极推进人才培养模式改革，着力完善人才培养体系。在过去的几年中，北京教育学院发挥自身优势，聚焦教师学习的实践探索和学术研究，系统构建职后教师教育的完整体系，积极推进独具特色的学科建设和课程建设，逐步建立了面向新入职教师、优秀青年教师、骨干教师以及特级教师等不同发展阶段教师的"3+1+N"人才培养体系，为职后教师教育的实践探索奠定了坚实基础。

为纪念改革开放 40 周年，深入贯彻落实全国教育大会精神及北京市全市教育大会精神，进一步加强新时代的教师队伍建设，提升教师专业发展水平，同时也为庆祝北京教育学院建院 65 周年，2018 年 11 月 28-29 日，北京教育学院组织召开了首届"教师学习与专业发展"国际研讨会。本次研讨会聚焦会议主题组织了四个专题分论坛：一是教师学习规律与实践转化，二是教师学习影响因素与实践应对，三是教师学习方式变革与实践创新，四是教师学习管理与实践改进。来自美国、英国、加拿大、芬兰、日本等国家的 20 余名国际学者和国内该领域的研究者、培训者及实践者等 400 多人参加了此次国际研讨会。英国剑桥大学教育学院院长海沃德（Geoff Hayward）教授、香港大学教育学院院长古德温（Lin Goodwin）教授、北京师范大学教育学部部长朱旭东教授、美国布鲁金斯学会布朗教育政策中心主任汉森（Michael Hansen）博士和北京教育学院副院长钟祖荣教授等五位知名学者分别做了大会主旨报告。来自美国、芬兰、加拿大、德国、日本、南非和中国各师范院校的知名学者、北京市知名中小学和国际学校的优秀校长，以及北京教育学院的学术骨干教师共 27 人，在分论坛上做了精彩的报告。

本次研讨会的学术成果包括《教师学习与专业发展：关键问题研究与多元实践探索》和《教师学习与专业发展：历史回溯与未来展望》两本著作。《教师学习与专业发展：关键问题研究与多元实践探索》收录了从大会提交的论文中精选的 18 篇论文，内容包括教师学习规律与实践转化、教师学习影响因素与实践应对、教师学习方式变革与实践创新和教师学习管理与实践改进等四个部分，附录部分收录了本次研讨会的会议综述。这本著作呈现了对教师学习有深入研究的国内外专家学者的最新研究成果，深入探讨了关于教师学习的重要理论建构和实践探索。另一本《教师学习与专业发展：历史回溯与未来展望》则呈现了关于教师教育的学术文献的系统梳理和深入研究。为了提升研讨会的学术水准，北京教育学院科研处在会议筹备阶段专门组建了学术文献研究小组，汇集学院中青年学术骨干教师聚焦会议主题开展系统、深入的学术文献研究。这本著作从教师学习的理论基础与学习规律、教师学习的影响因素、教师学习的方式、教师学习的管理与共同体构建等四个维度，分九章系统、深入地梳理和总结了近年来国内外相关的学术文献，并结合当前中小学教师学习的实践探索与核心问题进行细致评述。附录部分收录了《新时代教师教育学科建设的现状与方向——北京教育学院教师教育学科建设研讨会综述》《近五年有关教师学习与专业发展的教育政策简介》以及《近十年教师学习与专业发展的硕博论文》《近五年有关教师学习与专业发展的外文文献》《近五年有关教师学习与专业发展的相关课题》等三个索引。

这两本著作由北京教育学院科研处处长李雯教授负责策划和统稿，由北京教育学院副院长钟祖荣负责审核，由北京教育学院院长何劲松负责整体指导和最后审定。两本著作的目标读者包括关注教师学习与专业发展的研究者、从事教师教育的培训者和中小学的校长与教师。这两本著作既能够为有效开展教师学习与专业发展的实践探索提供系统的理论依据，也能够为深入推进教师学习与专业发展的学术研究奠定坚实的理论基础。就学术研究而言，教师学习与专业发展是备受关注的综合问题；就实践探索而言，教师学习与专业发展是至关重要的复杂现象。由于研究时间和水平所限，这两本著作呈现的内容尚有很多不足之处，恳请广大读者批评和指正。

目　录

第一章　教师学习的概念、理论、话题与研究趋势

钟祖荣

本文阐述了从教师培训到教师学习的转变，揭示了研究教师学习的意义。对教师学习的内涵进行揭示，指出其在连续统上的多样性以及学会教学的核心内涵。对教师学习的各种理论，从个体到群体、从知识到实践、从准备到专家各个阶段等多个维度进行定位，并指出其价值和作用，包括从认知理论、建构主义理论、自我导向理论，到社会学习理论、社会文化学习理论、社会建构主义理论、学习共同体理论、合作学习理论，从体验式学习、具身学习、行动学习，到情境式学习、项目式学习、反思型学习，从接受式学习到研究性学习、质变学习等。梳理了教师学习研究的主要话题，包括教师学习的内容、教师学习的方式、教师学习的动力、教师学习的过程和策略、教师学习的场所、教师学习的影响因素、教师学习的结果与成果转化等，分析了教师学习研究的趋势，主要是加强实证研究的趋势，关注教师学习的内在机理和转化等。

教师学习既是个现实的问题，又是个新的研究领域。学习是教师发展的基本途径，我曾经根据"教育大计，教师为本"的逻辑提出"教师大计，学习为本"的观点。作为现实问题，新时代对教师队伍素质提出了很高要求，教师如何通过有效的学习实现自己的专业发展，有许多现实的问题值得研究，诸如学习的动机问题、时间问题、条件问题、方法问题、转化问题等。作为一个比较新的研究领域，发展历程还比较短，如何开展教师学

习的研究，并通过研究成果的转化，提升教师学习和教师培训的效果，也是摆在研究者面前的课题。本文对教师学习的概念、理论、话题和研究趋势做一个梳理和分析。

一、从教师培训到教师学习

提高教师队伍的素质，教师培训是个重要的抓手。国家制定了教师专业标准、教师培训课程指导标准以及诸多关于教师培训的规章，实施国培计划已经近十年，形成了开放多元的培训体系。各省市自治区基本都制定有教师培训的规划，配套了专门的培训经费，实施了广泛的培训活动。这些培训对提高教师队伍的整体素质发挥了积极的作用。但与此同时，也仍然存在培训针对性、实效性不强的问题，究其原因，就是重视外在的培训，较为忽视教师的内在的学习，对教师学习的规律、机制、策略等研究不多。

从关注教育到关注学习，这是教育中普遍存在的一种转型趋势。无论是教育实践，还是教育理论，都更加重视学生的学习。在教师培训领域，也正在发生着这种转型。诸如"教师研修"的概念，就是一种转型，强调的是教师自主的研究、修习，又如"教师学习共同体"的概念，强调集体学习、合作学习。在培训方式方法上，倡导案例式、参与式、情景式、探究式、讨论式等，也是强调发挥学员主体作用和促进主动学习。这种转型，就要求我们对教师的学习进行深入的研究，这样才能为培训转型提供科学的理论的依据。

教师学习成为一个专门的研究领域，还是比较近的事情。美国《教师教育研究手册》（第 3 版，2008）中专章论述了"何以学会？"的问题，把教师学习当作一个领域来研究。尼姆塞尔（Sharon Feiman-Nemser）指出了这个领域研究的问题，"应该包括教师从职前教育和专业发展中学到什么，以及教师如何将所学运用于教学中""还包括教师在日常教学实践以及与同事非正式交往中的学习"，还研究"教师学习成果如何促进学生学习"。[①]
密西根大学 1991 年成立的"美国教师学习研究中心"（National Center for
Research on Teacher Learning，NCRTL）在教师学习研究中发挥了重要作
用，从 1985~1995 年进行了长达十年的研究。1998 年全美教学与美国未来
委员会发表《变化中的工作，变化中的学习：工作场所和社区中教师学习
的必要性》，主张"在工作中学习，用案例为内容"，强调立足工作为本的
学习。2003 年澳大利亚的维多利亚州教育和培训部还颁布了教师学习指导
书，提出教师学习六大目标及理念、方向、动力、问题与应对等策略。索
耶在《剑桥学习科学手册》（2006）中也专章论述了"教师学习研究"，特
别是从学习科学研究成果的角度探讨教师学习的情境学习、社会支持等问
题[②]。2018 年 6 月在英国伦敦举办的第 13 届学习科学国际大会，教师学习
研究也成为热点之一。在中国，教师学习的专著在 20 世纪 90 年代才出现，
目前只有近 10 篇博士论文和几本基于博士研究出版的著作（张敏、陈振
华、李志厚、毛齐明、钟亚妮、孙传远、裴森等），相关论文也在 90 年代
后才多起来，除了理论论述文章外，也有若干实证性的调查报告（苏红、
孙德芳等）和一些研究项目（毛齐明、孙德芳、钟亚妮、朱旭东等）。

二、教师学习的涵义

在中国，教师学习是在"学习"的前面加上主语"教师"组成的复合
词，只有当对教师学习的特殊本质和规律作出揭示时，它才真正成为一
个整合的术语。在西方，其表述为"Teacher Learning"或者"Learning to
teach"。

关于教师学习的内涵，有下述一些定义：

（1）教师学习是经验的学习或教育经验的获得。有学者认为，教师经

① 玛丽莲·科克伦–史密斯等.教师教育研究手册（下册）[M].范国睿，译.上海：华东师范大
学出版社，2017：709.
② 索耶.剑桥学习科学手册[M].徐晓东，译.北京：教育科学出版社，2010：609–621.

验性学习的目的是通过经验建构教育知识、学会教学。（陈振华，2003）。[①]

（2）教师学习是获得教学的知识和技能的过程。比利特（Billett，2001）认为"教师学习是教师通过反思和行动培养技能、获得知识和专长的过程"。[②]凯利（Kelly，2006）认为"教师学习是教师旨在获得专业知识的过程"。[③]

（3）教师学习就是专业发展的过程。是在人为努力和外部干预下的教师专业知识能力的生长变化（刘学惠，申继亮，2006）[④]。教师学习与教师专业发展是个统一的过程，教师学习是教师可持续发展的基础和前提（张敏，2008）。[⑤]教师学习是教师为了追求自身专业发展而主动提高自身素质的过程，具有主体性、实践性、情境性、自主性、持续性、开放性等特征（孙传远，2013）。[⑥]

（4）教师学习是自我更新的过程。教师学习是意识到专业发展需要而进行的自我更新，是一个主动参与和自我更新的过程（杨骞，溪海燕，2007）。[⑦]

（5）教师学习是个综合多元的学习过程。教师学习是基于案例的情境学习、基于问题的行动学习、基于群体的合作学习、基于原创的研究学习、基于经验的反思学习（胡庆芳，2005）。[⑧]教师学习是经验性学习、基于问题的学习、自我导向的学习、同伴互助的学习、职场学习（邓友超，2007）。[⑨]

这些定义从某一个方面揭示了教师学习的内涵和特点。我们需要揭示教师学习的本质和全貌。

[①] 陈振华. 论教师的经验性学习 [J]. 华东师范大学学报（教育科学版），2003（9）：17–24.

[②] Billett，S. Learning through working life：interdepencies at work[J]. *Studies in Contiuing Education*，2011，23（1）：19–35.

[③] Peter Kelly. What is teacher learning：a social–cultural perspective[J]. *Oxford Review of Education*，2006，32（4）：514–515.

[④] 刘学惠，申继亮. 教师学习的分析维度与研究现状 [J]. 全球教育展望，2006（8）：54–59.

[⑤] 张敏. 教师学习的理论与实证研究 [M]. 杭州：浙江大学出版社，2008：10.

[⑥] 孙传远. 教师学习：期望与现实 [M]. 桂林：广西师范大学出版社，2013：36.

[⑦] 杨骞，溪海燕. 教师学习的应然分析 [J]. 新课程研究·教师教育，2007（10）：3–6.

[⑧] 胡庆芳. 教师专业发展背景下的学习与学习文化的重建 [J]. 上海教育科研，2005（3）：19–22.

[⑨] 邓友超. 教师实践智慧及其养成 [M]. 北京：教育科学出版社，2007：161–176.

无论哪个领域，哪个主体，学习都有其共同的本质，即获得知识、技能和经验。但又由于领域的差异，其具体的知识、技能、经验有所不同，形成的特点有所不同，其学习也具有了一定的特点和特殊性。教师的职业是教学，教学是教书育人、立德树人的工作，要通过知识传递、活动练习、交流对话等方式去帮助学生获得知识，发展能力，形成思想、价值观和态度，这是个复杂的工作。教师学习本质上是学会教学、学会育人。有研究者（陈振华）认为，教师是特殊的成人学习者，具有目标的教育指向性、内容的专业性、环境的教育性、过程的自我导向性等，也是突出了其特殊本质。

　　但教师的学习具有多种样态，从主体上看，既有教师个体的学习，如阅读、反思等，也有群体的学习，如讨论、交流、观课等。从历程上看，有作为教师准备期的学习，比如师范期的学习；有入职期的技能形成的学习；也有职后的学习，比如提升教学技能的学习、转型性的学习、研究问题的学习等。从类型上看，有比较简单的知识获取，比如最常见的读书和听讲，也有比较复杂的学习，如项目学习、任务学习、研究性学习、问题解决式学习等；有正式的学习，也有非正式的学习；教师学习的类型是一个从接受到探究发现的连续系统。因此，教师学习也是非常丰富的，有各种具体形态。教师学习研究，就要揭示这些具体形态的学习规律。

三、教师学习的理论

　　研究教师学习需要一定的理论做支撑，或者作为分析的模型，以揭示其机理。关于学习的理论，已有很多，典型的有行为主义的、认知主义的、建构主义的等，这些学习的理论为研究教师学习提供了基础。涉及或适合研究教师学习的理论也比较多，这里我们也需要有个框架把它们摆放到恰当的位置，以把握这些理论的特定作用。

　　如同对教师学习的定义分类一样，研究教师学习的理论也可分类。这个框架也是三个方面，一个方面是个体与群体的分类，一个方面是各个发展阶段的分类，一个方面是学习的程度和复杂性的分类。研究个体学习，可运用认知理论、建构主义理论、自我导向理论；研究群体学习，可运用社会学习理论、社会文化学习理论、社会建构主义理论、学习共同体理论、合作学习理论。涉及不同发展阶段的学习，可运用教师发展阶段理论。从学习的程度和复杂性分，可以从体验式学习、具身学习、行动学习，到情境式学习、项目式学习、反思型学习，从接受式学习到研究性学习、质变学习等。还有技术支持的学习，比如网络学习、翻转学习、移动学习等。本文介绍几个重要的理论。

自我导向的学习理论主要倡导者是诺尔斯（Malcolm Knowles），他认为，成人学习具有 5 个特点：第一，有独立的自我概念并指导自己的学习；第二，有工作的经验，这是丰富的学习资源；第三，学习的需要与变化着的社会角色紧密相连；第四，以问题为中心进行学习；第五，学习动机主要来自内部而不是外部。自我导向主要体现在源自自身需要，制订学习计划，执行学习计划，评估学习效果，是高度自主自觉的过程。齐莫曼（Zimmerman）把自我调节的学习也分计划、行动、反思三个阶段。自我导向的学习反映的是成人学习，而教师是成人和从业者，不同于学生的学习，有很强的目的性和问题导向、经验的参与。

社会学习理论是班杜拉（Albert Bandura）提出的，主要是行为的模仿学习，很适合分析教师在教学经验方面的学习。行为往往以表象的形式出现，教师的教学行为也是这样的，这种行为表现在教师的课堂与课外的许多行为中，对这些行为的观察和模仿，可以习得这些行为。社会学习的过程，包括：榜样行为——注意过程与保持过程（观察与归纳）——行为再现和模仿——产生行为动机。[1] 教师的许多教学经验，均来自上学时、工作中对中小学教师课堂教学行为的观察和模仿。学校中的师徒制、培训中的师徒制，都是这种学习理论的运用，是社会学习的过程。

社会文化学习理论是维果茨基（L. S. Vygotsky）等提出的。他提出的心理发展的文化历史理论认为，人的心理发展的源泉是历史过程中不断发

---

① 施良方. 学习论 [M]. 北京：人民教育出版社，1994：386–391.

展的文化，这些文化是人的社会活动的结果。而人的心理活动和劳动活动都以工具作为中介，这个中介有物质的和符号的两种。人的心理不是从内部自发产生的，而是产生于协同活动和人的交往中。人的心理过程最初在外部活动中形成，然后才转移到内部，成为内部心理结构，即从外部心理过程转化为内部心理过程，这是个内化的过程。"在儿童的发展中，所有的高级心理机能都两次登台：第一次是作为集体活动、社会活动，即作为心理间的机能，第二次是作为个体活动，作为儿童的内部思维方式，作为内部心理机能。"①

分布式认知理论强调认知或知识不仅存在于头脑内部，还存在于个体之间、媒介、环境、文化之中。社会环境和文化对个体认知有重要的影响。比如我们知道谁知道，就可以去问谁，这被维格纳（Wegner，1986）称为交易式记忆。又如学习任务由小组和群体完成时，所有成员围绕共同目标去搜索信息并保持彼此交流，这被称为"群体搜索"。②我们常说的头脑风暴，就是这种学习的方式。基于社会文化的理论、分布式的知识观，社会建构主义的学习理论强调人际互动的学习，是与他人交往、对话、以文化为中介的社会建构过程。

具身认知（embodiment cognition）是指认知是与具体的身体结构与身体活动相联系的，认知源于身体与世界的交互作用，是大脑、身体与环境互动的结果。"心智嵌入大脑中，大脑嵌入身体中，身体嵌入环境中。"③有研究者分析了具身效应，包括情绪的具身性、抽象概念的具身性、意志态度的具身性等。④其中抽象概念的具身性，是指通过情境模拟和概念隐喻获得抽象概念，情境模拟是用身体经验记录，对概念进行存储，以具身模拟的方式对概念进行提取；概念隐喻是通过具体的隐喻来形成概念，因为隐喻是具体的具身的，如空间隐喻、温度隐喻、洁净隐喻、触觉隐喻等。支

① 余震球.维果茨基教育论著选 [M].北京：人民教育出版社，1994：403.
② 刘儒德.学习心理学 [M].北京：高等教育出版社，2010：400-402.
③ 叶浩生.西方心理学中的具身认知研究思潮 [J].华中师范大学学报（人文社会科学版），2011（4）.
④ 王会亭.基于具身认知的教师培训研究 [M].北京：中国社会科学出版社，2017：198-202.

亚杰（J. Piaget）的认知发生论强调活动的内化就是概念化，就是把活动的格局转变为概念，其图式的概念也是具身的，是指一个有组织、可重复的行为模式或思维模式。在教师培训中，具身认知就是强调以学习者参与为中心，以具身互动为原则，采用小组合作、角色扮演、讨论辩论、互动交流等方式来学习。

质变学习（transformation learning）是麦基罗（Mezirow，J.）和泰勒（Taylor，E. W.）等发展的理论。1998 年召开了全美第一届质变学习大会。质变学习改变的是人们看待自己和世界的方式，是一种意识的提升和觉悟启蒙。麦基罗描述了观点质变的几个环节：第一是人处于令人困惑的两难境地，往往是一种个人危机；第二是进行批判性反思，重新评价关于自己和世界的看法；第三是与他人讨论新的观点；第四是基于新的观点采取行动。① 达罗斯还发现这种学习往往是直觉的、整体性的、基于情境的。

四、教师学习研究的话题

研究教师学习的话题很多，归纳起来有 8 个方面：

1. 教师学习的内容

教师学习的内容，与教师教学的工作内容紧密相关。教师的专业标准，可以说是教师学习的目标与指引。教师教学涉及所教学科、教育对象、教育方法、教育环境等，因此教师学习的内容就要与之匹配，大体分为学科课程和教育课程两类。舒尔曼提出 7 种知识，包括学科内容知识、一般教学法知识、学科教学法知识、学生知识、教育环境知识等。还有研究者提出教学技能，技能分讲授、提问、对话、演示、反馈等 10 多种，这也是教师学习的内容。现在我们还要研究：哪些内容是更有效的、更值得学习的？如何选择、提供精选的个性化推送的学习资源？教师如何选择阅读的书单？如何选择学习的社群加入？

---

① 梅里安 . 成人学习理论的新进展 [M]. 黄健等，译 . 北京：中国人民大学出版社，2006：25.

2. 教师学习的方式与策略

教师要学习的内容该如何去学习？学习的方式往往与学习的对象（或载体）相关联，比如图书作为载体与阅读方式相关联。大体上可以分为几种方式：纸媒（图书、报刊等）和新媒体（网络文字与视频）——阅读方式；教育现场、教育情境（课堂、活动、场景等）——观察方式、思考方式、探究方式；教师、专家——交流方式。毛齐明归纳了当前教师学习的几种主要方式：团队研讨式学习（教研组、课题组）、结对传承式学习、个体反思式学习、理论接受式学习。关于具体的学习策略，张敏通过实证研究，提出了二阶三维结构模型，即交互学习（专业对话、观摩学习、拜师学艺）、探究学习（记录研思、阅读规划、反思实践）、批判性思维。[①] 我们还要研究：不同的学习内容用什么样的方式和策略学习更有效？各类方式的具体策略如何掌握和提高效益？教师的非正式学习如何更有效？教师学习中思维的特点、语言的特点是什么，对教师学习有效性会产生什么影响？

3. 教师学习的动机

教师为什么要学习？为什么投入学习？实际上为了什么在学习？这些问题是关于教师学习的动机问题。教师学习动机是引起教师学习、维持教师学习的原因和力量。总的说来，教师学习是为了学会教学、为了更好地教学、为了学生学好。但具体说来，每个人的学习动机会有差异。有提升学历、拓展视野、改进教学方法、理解学生和教育、职称晋升、获得认可等，有出自内部的原因，也有源自环境逼迫的原因等。我们要研究教师学习的动力结构，研究教师倦怠对教师学习的影响，研究激发教师学习动机的策略。

4. 教师学习的场所与环境

教师在哪里学习？不同的场所和环境对教师学习会产生什么影响？归纳起来，教师学习的场所有大学或培训机构、中小学、其他社会机构（如企业、政府机构、其他事业单位）、家庭，具体说，有学习场所（课堂）、

---

① 张敏. 教师学习的理论与实证研究 [M]. 杭州：浙江大学出版社，2008：109.

工作现场、研究现场、学术交流会场等。这些场所，就其情境性特征而言，大致分非情境性和情境性两种，学习的场所往往是非情境性的，更多是脱离现场的语言和信息的交流，主要是头脑的加工；其他场所往往是情境性的，它提供更丰富更直观的信息，能使语言符号与具体现场结合得更加紧密。有研究者（孙德芳）提出学习场所要由学院式转向现场式，这种转换有助于理论和实践的结合。我们要研究场所对学习的影响，研究如何设计和设置学习的场所，在情境性的场所学习时如何使学习和情境更好地配合，在不同场所的学习策略是什么等。

5. 技术支持下的教师学习

网络技术、智能技术、信息技术、移动技术等的发展，给教师学习带来了重大变革。网络研修社区、网络学习、Moocs、网络搜索检索、智能手机、APP，都成为教师学习频繁使用的手段和载体。技术支持的学习和传统的阅读方式、人际交流方式如何相互补充，如何恰当地使用技术手段，如何把技术手段和教学有机结合，如何避免手机等对教师学习和工作的负面影响，如何设计有助于教师学习的技术系统和平台，这些都是值得进一步研究的问题。

6. 教师学习的效果与转化

教师学习得如何？教师的学习是否促进了教师素质的提升和教学水平的提高？是否提高了教学的绩效？教师是如何把学习的结果转化到教学实践中去的？这些是关于教师学习效果及其转化的问题。从教学知识到教学能力，从观摩他人教学到转化为自己的教学，从阅读中发现的知识与观点到转化为课堂中的丰富内容，都不会是简单、直接和线性的，必有转化的因素和条件。"学以致用"是我们在培训中说得最多的一种期待，也是培训的目标，但如何实行却少有研究和探索。毛齐明对此做了较深入的剖析和构建。他认为，复杂情境是学以致用的障碍，要让教师学以致用，产生新的行为方式，关键是掌握新的工具，比如思维方式、行为模式、工作流程等。他借用罗姆·哈里（Rom Harre）的学习环提出了实现学以致用的路径，即"内化—转化—外化—习俗化"，内化是公共知识的个体化，转化是新知识的情境化和成熟概念的形成，外化是成熟概念的实践化和实践模式的生成，习俗化是个体知识的公共化。① 张敏通过对教师绩效（任务绩效和关系绩效的二维划分）进行实证研究，提出了 7 个维度的绩效结构，包括文化促进、能动解决问题、压力处理、应急处理、人际促进、持续学习、身体适应。② 教师学习如何促进这些绩效，教师的学习绩效和工作绩效如何测量，值得研究。

7.教师学习的影响因素

教师学习的差异，必有其影响的因素，这种因素大体可以概括为三个方面：一是外部的因素，诸如制度因素、教育改革、学校文化、家庭环境、所处地域、所教学生、时间分配、物质条件等，二是内部的因素，诸如动机、智力、自我效能感、职业规划、工作目标、人格因素等，三是人口学变量，诸如性别、年龄、教龄、学历、职称等。教师学习研究就是要研究这些因素对教师学习产生什么样的影响，是何种作用机制。

8.教师学习的调节

所谓教师学习的调节，就是教师对自己学习的管理与调控，是一种元认知的能力，是学习的"管家"。主要包括对自我状况的反思与判断、规划与目标的调节、学习任务与内容的安排、学习时间的管理、学习情绪的调节、学习效果的评估等活动。张敏基于访谈，提出了教师学习调节的三种方式：外部调节（由外部事件和组织调节的学习活动）、任务—自我调节（基于完成工作任务或解决问题而发生的学习）、自我调节（为掌握知识或技能而进行的学习）。③

五、教师学习研究的趋势

教师学习研究是个新的领域，是需要大力发展的研究领域。目前的教

---

① 毛齐明 . 教师学习机制的社会建构主义诠释 [J]. 华东师范大学学报（教育科学版），2012（2）：19–25.
② 张敏 . 教师学习的理论与实证研究 [M]. 杭州：浙江大学出版社，2008：121–122.
③ 张敏 . 教师学习的理论与实证研究 [M]. 杭州：浙江大学出版社，2008：60.

师学习研究还比较薄弱，从未来发展趋势看，会得到大力加强。主要有：

1. 在研究方法方面，更多地开展实证研究和行动研究

目前关于教师学习的研究，思辨方式多，实证方式少。这是不利于该领域知识积累的。科学的理论与知识更多地要依靠实证研究的积累。比如对教师学习的现状开展调查研究；对教师学习的深度机理开展个案研究。此外，也可以结合大量的多样的培训项目，借助教师学习的理论，开展具体项目中教师学习的行动研究，改进教师的学习，提升学习的成效，进而总结学习的规律。

2. 在研究内容方面，更多地进行分类的深入的研究

比如不同发展阶段、不同区域（城乡等）、不同学校、不同学科的教师，在学习的内容和方式上有什么区别；不同的学习内容，比如知识、技能、态度、价值观等，学习的过程和机理有什么区别；技术支持的教师学习，如何增强技术支持的便利性、友好性、实效性，发挥其独特优势等；如何促进教师学习的转化，使教师学习和学生学习更有机地联系起来。只有分类的、具体的、深入的研究，才能深入揭示教师学习的规律，明了教师学习的内在机理，丰富教师学习的理论宝库。

3. 在研究力量方面，更多地吸纳多学科研究力量和壮大研究队伍

教师学习研究主要属于心理学范畴，要有更多心理学学科背景的研究者来研究教师学习。此外其他学科也可以作出贡献，比如教育学（教师教育学），从教师专业发展的角度来研究教师学习问题；比如社会学，研究教师学习中的社会环境、人际关系，学习与教师的社会分层等；比如文化学，研究教师学习的文化环境、观念的影响等。目前从事教师教育研究与实践的人，如果更多地从视角上转换，从教育到学习，就可以更多地从教师学习的立场去研究和实践，这样才能壮大教师学习的研究力量。我们也希望构建"教师学习研究"共同体，加强交流与讨论，促进该领域的知识积累和进步。

第二章　教师学习的理论基础

钟亚妮

　　当前，世界各地纷纷推行教育改革，改革的焦点日益清晰地指向改进教学和学生学习，转向教师及其准备、优质教学和教师学习。新的教育改革政策更加关注为教师提供学习的机会，并强调教师学习是教育改革的主要组成部分（Finley，2000）。[①] 教师的专业学习与教育改进和学校发展直接相联系（Mitchell & Sackney，2000）。[②] 教师学习已经成为教育领域中的重要关注点（Cochran-Smith & Lytle，1999）。[③] 本章主要探讨以下三个问题：第一，教师学习的内涵；第二，教师学习的理论视角；第三，情境与社会文化视域中的教师学习。

一、教师学习的内涵

　　20 世纪 90 年代以来，"教师学习"这一概念得到越来越广泛的关注，日益成为教师教育与教师专业发展领域的热点问题。对于"教师学习"的

---

① 　Finley，S.J. *Instructional coherence*：*The changing role of the teacher*[EB/OL]. Southwest Educational Development Laboratory. Available：http：//www.sedl.org.
② 　Mitchell，C. & Sackney，L. *Profound improvement building capacity for a learning community*[M]. Lisse，The Netherlands：Swets and Zeitlinger，2000.
③ 　Cochran-Smith，M.，& Lytle，S.L. Relationships of knowledge and practice：Teacher learning in communities[J]. *Review of Research in Education*，1999，24：249-305.

深入研究，需要了解这一概念如何演变而来，"教师学习"的概念有何内涵。本节首先探讨从教师培训、教师专业发展到教师学习的概念演进过程，随后阐述其内涵。

（一）教师学习概念的兴起

在教师研究领域，关于在职教师专业发展的研究，经历了从"教师培训"到"教师专业发展""教师学习"概念的演进过程。上述三个概念的变化，反映了研究者对教师及其成长的观念转变。

20世纪70-80年代，教师教育领域主要采用教师培训（teacher training）这一术语。斯巴克（Spark）和赫西（Hirsh）（1997）描述了20世纪70年代传统的短期的培训方式，如各种会议、讲座、工作坊、研讨会以及一系列关于课程与教学的训练等。

"教师培训"是基于对微观教学的理解，着重培养教师的课堂行为，其隐含的假设是：通过练习、掌握分离出的各项知识、技能，教师便能提高教学水平；教师培训能使教师熟练运用课堂策略和教学技巧，比如如何提问、等待学生回复的时间等可观察到的、局部的、客观的行为。培训策略能在一定程度上发挥作用，但存在明显的缺陷：即把教学视为离散的各部分，而不是一个整体。

教师培训以短期培训课程的形式呈现，是为了给教师提供可操作性的课堂技巧。通过观察有经验教师的教学活动，教师在特定环境下不断练习，能最终形成一系列教学技能，掌握这些技巧和能力，便被认为可以展开优质的教学活动。

在参与这些培训活动时，当"专家"（expert）呈现新的思想或者以新的方式"培训"教师时，教师的角色通常被视为被动的参与者或工作坊活动的在场者。学校和学区亦没有组织讨论、收集反馈意见或者进行后续的专业发展活动。这一时期的培训活动对于教师来说意义很小，没有考虑教师个体自身的学习需要以及对活动内容的理解；教师也不能决定自己的专业发展。自20世纪80年代开始，研究者开始使用"专业"（professional）一词，更加关注支持作为专业人员（professionals）的教师的技能改进和提高。但这一时期，仍然用培训（training）或在职（inservicing）教育来描述教师的专业学习和发展。①

对于该时期的"教师培训"策略，实践者和研究者主要基于对教学所持的行为主义的理解，认为教师所需要的技能和知识是分离的、独立的、可以被操作并被掌握的信息组块；教学被看作是通过训练而获得的。教师培训者在这个过程中起主导作用，将其认为重要的内容传授给教师，并且检验教师是否通过培训而发生变化，而教师在培训中处于被动地位。

20世纪80年代，研究者开始使用"专业发展"（professional development）这一术语，而不是"员工发展"（staff development）。教师公会（unions）开始为教师重新界定专业发展。"专业发展"的出现，更强调教学是一个专业（teaching as a profession）；教师不再是蓝领工人，而是专业人员。"专业发展"将教学专业与其他职业的专业性相联系（Speck & Knipe，2001）。②

哈格里夫斯和富兰（Hargreaves & Fullan，1992）指出：教师专业发展可以从三个方面来理解：教师发展作为知识和技能的发展、教师发展作为自我理解；教师发展作为生态改变。③哈格里夫斯认为，教师的专业发展不仅应包括知识、技能等技术性的维度，还应该广泛考虑道德、政治和情感的维度。④

影响教师专业发展的因素十分复杂，包括教师自身的专业知识与能力、个人和专业经历、情境、情感和心理因素，以及时间、情境的转变等，上述因素均会影响教师专业发展。概言之，教师专业发展受到个人、学校和环境因素的影响。

关于教师专业发展的目的与功能，研究者认为，教师专业发展有助于

---

① Sparks, D. & Hirsh, S. *A new vision for staff development*[M]. Alexandria, Va.: Association for Supervision and Curriculum Development. Oxford, Ohio: National Staff Development Council, 1997.

② Speck, M. & Knipe, C. *Why can't we get it right? Professional development in our schools*[M]. Thousand Oaks, Calif: Corwin Press, 2001.

③ Hargreaves, A. & Fullan, M.（eds.）*Understanding teacher development*[M]. London: Cassell; New York, N.Y.: Teachers College Press, 1992.

④ Hargreaves, A. Development and Desire: A Postmodern Perspective. In: R.Guskey & M. Huberman（eds.），*Professional development in education: new paradigms and practices*[M]. New York: Teachers College Press, 1995, pp.9–34.

教师在原有认知基础上增加新的知识与技能，例如教师学习最新的计算机和资讯知识与技能；用最新的成果取代从前过时的内容，是对原有知识与实践的转换与变革；同时教师的专业知识与技能程度得到提升。专业发展是教师专业生涯成长的内在组成部分，教师在专业生涯中的知识技能与判断力的不断拓展、更新和成长有助于改进教学实践。

综合诸多研究者的观点，教师专业发展的基本功能主要包括以下三个方面：第一，通过教师专业发展和教师实践的改进促进教育政策的推行；第二，通过改善教师的绩效提高学生的学习成就；第三，提升教学专业的身份与地位。如我国学者指出："教师专业发展"的表达，具有更加宏观的结构性内涵，包括教师教育政策的制定、教师队伍建设、教师社会地位和经济地位的提高等要素（陈向明，2013）。[①]

20世纪90年代以来，研究者日益采用"教师学习"或"专业学习"一词来代替"教师专业发展"，认为教师专业发展亦是教师不断学习的过程，包含所有对专业实践的学习活动。研究者认为，教师专业发展的最直接目标是专业学习（Knapp，2003）；[②] 教师怎样经营自己的学习成为教师专业发展的一个重要维度（Scribner，2003，p. 6）；[③] 教师专业发展是一个学习过程，专业发展就意味着教师学习（Kelchtermans，2004，p. 220）。[④]

"教师学习"的提出，强调了教师的主体性和能动性。加拿大学者伊斯顿（Easton，2008）指出：在英语中，"发展"意味着"发展某人或某物"，含有"被动"之意。专业发展通常指某人对他人做某事，学习者成为被"发展"者。为了变革，教育者必须能够自我发展，必须改变自我，必须变

[①] 陈向明. 从教师专业发展到教师专业学习 [J]. 教育发展研究，2013（8）：1–7.

[②] Knapp, M. S. Professional development as a policy pathway[J].*Review of Research in Education*, 2003, 27: 109–157.

[③] Scribner, J. P. Teacher learning in context: The special case of rural high school teachers. *Education Policy Analysis Archives*[EB/OL], 11（12）. Availableat: http: //olam.ed.asu.edu/epaa/v11n12/.

[④] Kelchtermans, G. CPD for professional renewal: moving beyond knowledge for practice. // C. Day & J. Sachs（Eds.）, *International handbook on the continuing professional development of teachers* [M]. Maidenhead: Open University Press, 2004. pp. 217–237.

成学习者。[1] 加拿大著名学者迈克尔·富兰（Michael Fullan，2009）也明确表示：要用"教师学习"一词代替"教师专业发展"。[2]

我国研究者认为，教师"专业学习"概念的提出，希望从更加积极、主动、更贴近教师日常实践的方式来促进教师的成长，意味着更加关注教师的日常教育教学活动，特别是教师真实的、个人化的学习体验（陈向明，2013）。[3]

（二）教师学习的含义

自 20 世纪 90 年代以来，已有诸多研究者对"教师学习"和"专业学习"进行探讨。本文中，"专业学习""学习""教师学习"这三个词相互交替使用。

教师学习概念的提出，强调了教师作为能动者的主动性。教师不再被视为需要在外来专家的指导下"被发展"的人，而是在实践中发现问题、并主动寻求改变的学习者。教师具有主动学习的动力和愿望，亦有自己的实践性知识。教师学习的主体是教师自身，教师学习过程和内容是主动的、自我发起和自我导向的，强调了教师的主体性。

关于"教师学习"的研究受学习理论的影响较大，且伴随着学习科学的发展，在很大程度上随着学习科学的发展而推进。关于教师学习的研究，日益与认知观、社会文化与生态观相结合，更能帮助研究者和实践者理解教师学习的个体性、情境性、复杂性和差异性。

关于"教师学习"的含义，研究者们基于自身的理论视角，有其自己的理解。克莱斯顿（Claxton，1996）认为，专业学习是一种特殊的学习，且包含多种学习。它不同于其他专业或技术领域，也不同于学术学习；其目的仅仅在于拓展智力理解，它是实践的改变，在课堂、研讨会、会议中，

---

① Easton，L. B.From Professional Development to Professional Learning[J].*Phi Delta Kappan*，2008，89（10）：755–761.

② Fullan，M. Change the Terms for Teacher Learning[J]. *National Staff Development Council*，2007，28（3）：35–36.

③ 陈向明. 从教师专业发展到教师专业学习 [J]. 教育发展研究，2013（8）：1–7.

以反应的直觉方式发生改变。①

安德玛和巴波亚（Armour & Balboa，2000）把专业学习视为一个终身的过程，在教学专业中的主要关注点是特定学科内容和多样的教学方法。②

麦卡洛克，赫尔斯比和奈特（McCulloch，Helsby & Knight，2000）认为：专业学习促进创造、反思，并根据所教儿童的不同需要提供最好形式的教育。专业学习具有"情境性、独特性和实践性"，大多发生在"活动系统的正常工作之中"。专业学习的主要形式不是课程和会议（尽管它们有一定的价值），它的改进视活动系统的改进而定。③

克纳普（Knapp，2003）提出：一方面，专业学习可以被视为与专业相关的思维、知识、技能、思维习惯或投入等方面的明显改变，以上这些方面构成了实践的能量；另一方面，专业学习可以指实践本身的改变，即教师应用新知识或技能而产生的教学实践改变。④克瓦克曼（Kwakman，2003）从认知的情境性出发，提出三条学习理论原则：（1）学习是参与活动；（2）学习的性质不仅具有个体性，同时也具有社会性；（3）学习能让教师在专业上得到发展，这涉及教师学习的目的。教师学习与专业目标是密切相连的，专业目标要求教师要不断改善教学实践。⑤

基于诸多研究者的概念界定，本研究认为：教师学习是教师获得新知识、新技能、新理念和价值的过程，以改善教师教育教学实践。教师学习具有主动性、日常性、内生性和情境依赖性的特点。教师学习是一种社会文化活动，教师学习的场所主要在学校里和课堂上，发生在教师实践共同

① Claxton, G. Professional learning in education：Models and roles.// G. Claxton, & E. Roper（Eds.），*Professional learning in education：Models, roles and contexts* [M]. LMU Education Papers, Number 1. Leeds Metropolitan University, 1996, pp. 5–14.

② Armour, K. & Balboa, J. F. *Connections, pedagogy and professional learning*[C]. Paper presented at the Professional Learning：Professional Lives CEDAR Conference, University of Warwick, UK. 2000.

③ McCulloch, G., Helsby, G. and Knight, P. *The politics of professionalism：Teachers and the curriculum*[M]. London：Continuum, 2000.

④ Knapp, M. S. Professional development as a policy pathway[J]. *Review of Research in Education*, 2003, 27：109–157.

⑤ Kwakman, K. Factors affecting teachers' participation in professional learning activities[J].*Teaching and Teacher Education*, 2003, 19（2）：149–170.

体中；教师学习的内容与教师在日常教学中遇到的问题密切相关。

二、教师学习的理论视角

人们对教师学习的观点和实践取决于所采用的理论视角。教师学习的理论基础主要基于学习领域的理论研究。本节首先阐述关于学习的理论基础，随后探讨教师学习的理论视角。

（一）关于学习的研究视角

格里诺等（Greeno，1996）提出了关于认知与学习的三种理论视角：行为主义视角（behaviorist perspective）、认知视角（cognitive perspective）、情境—社会历史视角（situative-sociohistoric perspective）。[1]霍班（Hoban，2002）分析了关于学习的四种理论视角：（1）认知视角；（2）情境视角；（3）理论实用主义（theoretical pragmatism）；（4）系统思维观点（systems thinking approach）。[2]本部分主要介绍上述关于学习的研究视角。

1. 行为主义视角

格里诺等（Greeno，1996）[3]指出，行为主义的观点可以追溯至桑代克、斯金纳和加涅。行为主义学者认为，行为是认知、教学和学习的场所。知识由教师传递，由学生接受，而不是解释。传递（transmission）是教学模式，为了促进有效的传递，复杂的任务被分解成为众多层级的组成部分，从简单到复杂按顺序加以掌握。行为主义强调刺激—反应，并认为学习者是对外部刺激做出被动反应，即作为知识灌输对象；学习受到报酬与要求等外在动机的驱使，根据外在刺激发展正确的反应。设计得很好的活动程

---

[1] Greeno, J. G., Collins, A. M., & Resnick, L. B. Cognition and learning. //D. Berliner, and R. Calfee (eds.), *Handbook of educational psychology* [M]. New York：Macmillan，1996，pp.15-46.

[2] Hoban, G. *Teacher learning for educational change：A systems thinking approach*[M]. Buckingham：Open University Press，2002.

[3] Greeno, J. G., Collins, A. M., & Resnick, L. B. Cognition and learning. //D. Berliner, and R. Calfee (eds.), *Handbook of educational psychology* [M]. New York：Macmillan，1996，pp.15-46.

序，带有经常反馈和强化的清晰教学目标，以及从简单到复杂的技能先后顺序，这对于学习机会的设计来说十分重要。

2. 认知视角

认知学习理论的分析单位、对学习的关注点集中于理解和描述个体心智的活动。格里诺等（Greeno，1996）认为，该取向来源于皮亚杰的理论：学习是在个人经验基础之上、对个体知识不断"重新加工"的过程。这一取向认为，知识包括反思、概念发展和理解，解决问题和推理。学习涉及学习者对现有知识结构的积极重构，而不是被动消化或机械记忆。在个体知识建构的过程中，强调对学习有重要影响的个体先在知识的重要性。学习动机是内在的，学习者应用包括其先在知识和经验在内的个人资源来建构新知识。在这一过程中，改变是通过反思个人信念和知识而实现的。这一取向的关键假设是：学习在本质上是不断累积的。如果脱离先在经验，学习则无意义，或者什么也学不到。以上假设可以追溯至杜威的观点：如果没有关于某事物的经验和讯息，没有人能够思考到任何事。[①]

3. 情境视角

关于学习的情境视角把学习和思考理解为：更有效地参与探究与获取意义的社会实践。在社会实践和实践社群（communities of practice）中，个体发展自己作为学习者和认知者的身份，既对社群的功能和进展有所贡献，同时又涉及自身活动和作为个体的成长。思维是社会实践的一部分，涉及个体与团队活动的反思和言说，涉及社群与个体活动和经验的概念意义。情境视角认为，思考的过程是参与社群实践，以及有着学习者和思考者身份的个体的发展。学习思考可以提升个人有效地参与社群实践的能力，包括探究和反思分析。

格里诺等（Greeno，1997）认为，该理论可以追溯至杜威的观点：如果教育的主要目标是发展学生的思维活动，那么，学生就必须在让思考得以发生的情境中学习；教育目标主要是发展学生的思维习惯。格里诺等进

---

① Greeno, J. G., Collins, A. M., & Resnick, L. B. Cognition and learning.// D. Berliner, and R. Calfee (eds.), *Handbook of educational psychology* [M]. New York: Macmillan, 1996, pp. 15–46.

而提出，学习需要参与探究实践。通过参与社会互动来学习思考和理解，这一观点在维果茨基（1987）和米德（Mead，1934）的理论中得到强调。奥克斯（Ochs，1994）发展了作为协作社会实践的思维的概念。采用这种视角的教育研究通常为学生创建环境：让学生学习参与有成效的探究，以及应用学科的概念和原则。[①]

情境视角强调了学习情境的重要性，认为个人不能从其社群和环境中脱离开来。分析单元或学习的焦点集中于"在社会行动中的个体"（individual-in-social-action）（Lave & Wenger，1991）。[②] 该视角认为，知识分布在环境中的社会、物质和文化产物等之中。认知是个体参与社群（如数学社群）实践的能力。学习涉及发展在特定社群和情境中注重的实践和能力。学习动机是发展和维持学习者参与其中的社群身份。学习机会需要被组织，以促进参与探究和学习实践，支持学习者作为探究者的身份，使学习者发展学科的话语和辩论的实践。

情境理论学者把学习视为参与社会化组织活动中发生的改变，个体对知识的应用是其参与社会实践的一个部分。许多学者指出：学习既涉及个体特征，也涉及社会文化的特征，并认为学习过程是一个适应文化和建构的过程（Cobb，1994）。[③] 格里诺等指出：以上三种视角都对认知、思维和学习的性质提出了各自的理解，并且在教育实践中都有所反映，如强调掌握技能、概念理解和思维策略，以及参与实践和发展身份。每一种视角都可以用于理解教育实践及其过程。采用学习和思维的某一种特定视角，并不意味着有些实践是正确的，而其他的实践则是错误的。理论与实践的关系，取决于它们强调学习与思维的哪些方面。任何教育实践都可以从任何一种视角来理解，因为教育实践强调了不同的教育目标。格里诺对自己所

---

① Greeno, J. G. The Middle School Mathematics through Applications Project Group. Theories and practices of thinking and learning to think[J].*American Journal of Education*，1997，106：85—126.

② Lave, J. & Wenger, E. *Situated learning*：*Legitimate peripheral participation*[M]. Cambridge：Cambridge University Press，1991.

③ Cobb, P. Where is the mind? Constructivist and sociocultural perspectives on mathematical development. [J]. *Educational Researcher*，1994，23（7）：13—19.

从事的课程与研究计划进行分析，提出：情境视角能够提供一个包容行为主义和认知视角各自长处与价值的架构，它认为学习和思维是参与社会实践和个体身份建构的组成部分，并包含学习技能、概念理解、思考策略的各自价值。[①]

4. 理论实用主义

霍班（Hoban，2002）在以上三种学习理论的基础上，增加了理论实用主义和系统思维观点。他指出，关于学习的实用主义取向认为，可以根据"有用"的原则而选用不同的取向。认知视角和情境视角都提供了关于学习过程的有价值的洞见，有利于理解特定的影响，但它们强调了不同的方面：认知视角强调先在知识等个人条件对学习的重要性，而情境视角强调社会和情境条件的重要性。[②]正如科布（Cobb，1994）提议的：我们应该对理论采取实用主义的态度，运用适合某一目的的视角，或者两种都使用。[③]

普特南和博科（Putnam & Borko，1997）主张将不同视角结合起来看待成人和专业学习。他们在知识和信念的个体性质以及认知的社会情境与分散性质基础之上，提出一种关于教师学习的折衷观点。他们认为，最适宜的学习条件包括：教师应该被视为建构自己知识的积极主动的学习者；教师应该被视为专业人员和被授权者；他们应该考虑学习中的最基本理念并获得不同的专门知识；他们需要运用信息技术等工具以明了获得的大量讯息；教师教育应该处于课堂实践之中；教师教育者应该以期望教师对待学生的方式那样对待教师。[④]

---

① Greeno, J. G. The Middle School Mathematics through Applications Project Group. Theories and practices of thinking and learning to think[J]. *American Journal of Education*, 1997, 106: 85–126.

② Hoban, G. *Teacher learning for educational change: A systems thinking approach*[M]. Buckingham: Open University Press, 2002.

③ Cobb, P. Where is the mind? Constructivist and sociocultural perspectives on mathematical development[J]. *Educational Researcher*, 1994, 23（7）: 13–19.

④ Putnam, R. & Borko, H. Teacher learning: Implications of new views of cognition. // B. J. Biddle, T. L. Good, & I. F. Goodson（Eds.）, *The international handbook of teachers and teaching* [M]. Dordrecht, The Netherlands: Kluwer, 1997, pp. 1223–1296.

5. 系统思维观点

霍班（Hoban，2002）认为，诸多学者尽管运用多重视角看待学习，但并没有将它们整合成为连贯的"学习系统"，进而提出"系统思维"的观点。[①] 该系统思维观点并不包括新的学习理论，而是一种思维方式。它将关于学习的行为主义、认知和情境等核心理论放在一起，强调了它们之间的相互影响，强调"学习系统"各个组成部分之间的关系。当个体学习者、社会、情境条件相互作用，多种影响协同作用而使彼此改进时，就形成一种互惠的螺旋关系。

他认为，系统思维方式下的分析单元或学习关注的焦点是"处在关系行动中的个体"。因此，学习是分布在学习的影响因素之中的，而不是处于社会情境之间（像情境取向一样），或者是处在个体之内（像认知取向一样）（2002，p. 59）。[②]

系统思维将"处在关系行动中的个体"作为分析单元，强调不同组成部分之间的关系，承认个体学习受到不同行动的影响，如团体讨论或实践情境，或者像录像或书之类的工具。"因此，任何情境都能视为一种学习系统，在该系统中，存在人们之间的多重关系，环境和人工制品，更像一个蜘蛛网，但并不需要在某一时刻或同等程度上对之进行操作（Hoban，2002，p. 60）"。[③] 根据这种观点，"行动"可以是提供洞见或理解的任何事件，如看电视或听讲座。这不同于情境取向认为的：学习需要发生在实践社群中。

（二）教师学习的研究视角

基于上述诸多学者（Greeno，1996；Putnam & Borko，1997；Hoban，2002）对学习视角的分析，研究者分别从认知心理学和专业发展等视角探

[①] Hoban，G. *Teacher learning for educational change：A systems thinking approach*[M]. Buckingham：Open University Press，2002.

[②] Hoban，G. *Teacher learning for educational change：A systems thinking approach*[M]. Buckingham：Open University Press，2002.

[③] Hoban，G. *Teacher learning for educational change：A systems thinking approach*[M]. Buckingham：Open University Press，2002.

询了教师学习。拉斯与谢林等（Russ & Sherin，2016）在《教学研究手册》（第五版）（Handbook of Research on Teaching）中，将教师学习研究的理论视角分为三类：① 过程—结果视角、认知视角和情境与社会文化视角。以下主要基于拉斯与谢林等的研究，对教师学习研究的理论视角进行阐述分析。

1. 过程—结果视角

过程—结果视角的研究，多见于 20 世纪 70 年代至 80 年代早期。过程—结果的视角反映了强调教学过程的范式，被理解为可观察的教师行为，意味着教学结果和学生成就。该范式将教学工作概念化为一组独立的、可观察的行动，诸多行为共同构成了教学实践的整体。多数采用这一观点的研究都有一个共同特征：聚焦于个体教师的行动，关注一般性的教师行为，并假设这些行为与学生结果之间存在直接关系。

过程—结果的视角将教学视为一系列的行动，教师学习旨在发展独立的行动。若教学是一套可分离的行为，则教学研究的一个主要目标是仔细检查和规划这些行为。因此，研究者使用低推理的观察系统来记录教师的个体行为。观察方案要求观察者对教师行为进行观察并编码，分析的教学行为包括教师的表扬和批评、提问、给出指导、澄清学生想法和使用先行组织者等内容。

20 世纪 70 年代亦有一些观察系统，观察教室中的学生行为，例如学生对教师的回应，或学生沉默的实例。观察员针对特定的学术活动或参与者结构，以各种方式记录课堂时间的分配。当时一个广泛使用的观察系统是弗兰德互动分析系统，包括 10 类具体的教师和学生行为。经过培训的观察者会对课堂互动进行观察，每 3 秒钟记录发生的事件类别并进行适当的编码分类，随后为每个类别创建频率分数，并就相关类别的得分进行分析比较（Flanders，1970）。②

---

① Russ, R.S., Sherin, B.L., & Sherin, M.G. What constitutes teacher learning? // D.H.Gitomer&C.A. Bell（eds.），*Handbook of research on teaching*（fifth ed.）[M].Washington，DC：American Educational Research Association，2016，pp. 391–483.

② Flanders, N. A. *Analyzing teaching behavior*（Vol. xvi）[M].Oxford，UK：Addison–Wesley，1970.

过程—结果的视角聚焦于教师行动，认为教师的行为和技能是"通用的"，适用于一般学科、年级和学生。教师行为被假设为适用于许多不同类型的教学情境。因此，相关研究并没有考虑情境的类型以及独特的课堂环境。此范式亦认为，教师行为与学生结果之间存在直接的联系。教师行为对学生的结果具有直接影响。

过程—结果的视角将教师学习视为发展独立的行动。教师通过培训，其行动或行为发生改变，如关键教学行为、教学流程或操作技能等。相关研究表明，教师通过学习，教学指导或解释、评估学生理解、提供系统反馈和学生分组策略等相关技能得到提升。教师学习的过程可以理解为：通过培训，教师个体的技能或行为得到发展。

2. 认知视角

20 世纪 80 年代以来，随着认知革命的兴起，其影响也体现在教师教学领域。上述过程—结果视角主要聚焦于教师行为，对教师的思维、思想、认知等方面未作探讨。而认知模型则考虑了教师精神生活，将教学视为思维方式，并伴随着特定的知识及认知过程；教师学习则体现为知识的改变。

认知革命对教学研究的影响在此后的 20 多年中持续扩大。《教学研究手册》第三版（1986）和第四版（2001）对教师思维做了持续探讨。

认知视角的一个显著特点是其聚焦于"知识"。"知识"这一概念具有独特含义，用于描述所有心智结构，同时也包含信念、态度、性向（orientations）等。任何心理结构都可以被称为"知识"。

认知范式教学的研究者们试图勾勒出心理结构的具体内容及其一般特征，其中研究焦点是对知识的分类。例如艾尔巴兹（Elbaz，1983）强调了五种教师知识的重要性：自我知识、教学环境知识、学科知识、课程开发知识以及教学知识。[①] 上述观点是根据教师知识的内容而做的分类。在认知科学中，研究者还经常将知识的内容与形式进行比较探讨。

认知革命最早也是最重要的结果之一是观察到专业知识具有深刻的领

---

① Elbaz, F. *Teacher thinking. A study of practical knowledge*[M].（Croom Helm Curriculum Policy and Research Series）.London：Croom Helm, 1983.

域特殊性。研究者认为，专家的卓越表现总是建立于庞大的、高度关联的特定领域知识体的基础之上。这些见解使教学观念发生了深刻的变化。研究者认为，教师所教学科是教学情境特征的关键。因此，教师认知研究开始对教师的学科知识，以及与特定领域相关的教学实践予以密切关注。教师认知范式领域最有影响的研究为舒尔曼（Shulman，1986[1]，1987[2]）对"学科内容知识"（PCK）的引介。莱因哈特（Leinhardt，1986）的研究认为，知识和教师实践之间的关系是直接的。[3] 在认知范式中，决策模型关注的不是教师所拥有的静态知识类别，而是教师知识在课堂中的动态使用。

认知视角认为，教师学习是知识的改变，学习被理解为心理表征的变化，而心理表征在个体教师心智中构成。基于教师知识的内容和形式，研究者对新任教师或有经验的教师进行研究，探讨了教师在改变实践的过程中，教师的学科知识和教学内容知识的发展状况。教师知识被理解为个体的积极建构，这种建构是教学实践的结果，并且与教师的个体经验紧密相连（Lampert，2001）。[4]

3. 情境与社会文化视角

情境与社会文化视角的相关理论自20世纪80年代末、90年代以来日益盛行。"情境和社会文化范式"实际上是一套不同的理论视角，每个视角都有自己的经验传统。由于不同的理论视角均以各自的方式拓展认知视角中思维与学习的观点，故研究者们将之统整起来。认知视角关注的是个体行动者如何思考，且随着时间推移如何发展。而情境和社会文化视角则将思维能动者（thinking agents）置于更广阔的社会、物质、文化和历史情境中进行研究。

---

① Shulman, L. Those who understand: Knowledge growth in teaching[J]. *Educational Researcher*, 1986b, 15（2）: 4–14.

② Shulman, L. Knowledge and teaching: Foundations of the new reform[J]. *Harvard Educational Review*, 1987, 57（1）: 1–23.

③ Leinhardt, G., & Greeno, J. G. The cognitive skill of teaching[J]. *Journal of Educational Psychology*, 1986, 78（2）: 75–95.

④ Lampert, M. *Teaching problems and the problems of teaching*[M]. New Haven, CT: Yale University Press, 2001.

采用情境与社会文化视角范式的研究人员借鉴人类学和社会学的传统，以及前苏联心理学家维果茨基的研究成果，认为思维首先产生于人际之间的心理层面；思维和活动深深植根于其发生的特定情境，而这些情境本身也深深植根于特定的历史和文化之中（如 Vygotsky，1978）。①

采用情境视角对教学和教师学习进行的研究，通常更多地研究人与人之间的即时互动，以及人们与（时间和物理）世界和环境的即时互动。亦有研究者采用社会文化或者文化—历史（cultural-historical）的术语，倾向于将个体置于更广阔的文化和历史背景中来研究更广泛的活动系统。尽管存在部分差异，但这两个传统均强调了与更广泛的社区、过程和结构相关的共同的互动与生成（Hand，2010）。②

情境和社会文化理论家认为，教学不应被理解为教师单个个体行为或思维的集合。相反，必须将个体教师置于社会系统，并在时间和空间维度进行考虑（Greeno、Collins 和 Resnick，1996）。③教师的教学实践不仅受到其工作环境的影响，而且还应考虑文化和历史等因素的影响。情境视角为研究者理解教师工作面临的挑战提供了新的洞见。

情境和社会文化观点认为，教学在根本上是互动的；教学是一项"关系性工作"（relational work）。教师教学工作的关键是创设课堂环境，在此情境中，教师和学生围绕教学内容进行有意义的互动，通过师生互动促进学生学习（Lampert，2010）。④该理论同时亦考虑了支持社群共同工作的工具和人工制品（artifacts），包括国家课程标准、教学进度指南、教材、课堂观察表格、考试成绩报告、学生书面作业等。

情境和社会文化理论认为：教学和教师学习在本质上是协作的、具社

① Vygotsky，L. Interaction between learning and development[J].*Readings on the development of children*，1978，23（3）：34–41.

② Hand，V. M. Te co-construction of opposition in alow-track mathematics classroom[J].*American EducationalResearch Journal*，2010，47：97–132.

③ Greeno，J. G.，Collins，A. M.，& Resnick，L. B. Cognitionand learning.// D. Berliner & R. Calfee（Eds.），*Handbook of educational psychology* [M]. New York：Macmillan Library Reference USA.，1996，pp. 15–46.

④ Lampert，M. Learning teaching in，from，and for practice：What do we mean? [J]*Journal of Teacher Education*，2010，61（1–2）：21–34.

会性的；教学是互动性，而教师学习则是在社群中基于互动的改变。教师学习的改变关涉三类：第一，改变社群规则、规范或参与；第二，改变身份和角色；第三，改变工具和使用工具的实践。①

在此种视角中，关于教师学习和发展的核心理解是：教师是在社群中的参与者，有其特定的角色和责任，通过运用合适的资源，重新产生、改进，甚至重新建构实践。持此类观点的研究者对教师社群、基于校本的社群等教师专业发展情境以及教师学习进行了大量研究。

三、情境与社会文化理论视域中的教师学习

在当前的教师教育研究领域，诸多实践和研究均采用情境与社会文化视角探讨教师学习与专业发展。情境与社会文化视角将教学视为互动，将思维能动者置于更广阔的社会、物理、文化和历史情境中，认为教师的思维与活动深深植根于其所处的具体情境，而其情境又植根于深厚的特定文化与历史。该视角包含相关研究的多元理论，为探询教师学习提供了更为宏观的理论视角。本节基于拉斯与谢林等（Russ & Sherin，2016）在《教学研究手册》（第五版）（Handbook of Research on Teaching）提出的情境与社会文化视角，对情境和社会文化理论视域中的教师学习进行探讨。

（一）教师情境学习

当前关于教师学习的研究中，一致关注情境学习的重要性以及获取与专业情境相关的知识。教师应该在怎样的情境中学习？本部分首先概述关于知识、思维和学习性质的情境视角，随后运用情境视角探讨教师学习。

1. 情境视角的主要观点

格里诺（Greeno）及其同事（1996）认为，情境视角的特征是推理、

---

① Russ, R.S., Sherin, B.L., & Sherin, M.G. What constitutes teacher learning? // D.H. Gitomer & C.A. Bell（eds.）, *Handbook of research on teaching*（fifth ed.）[M]. Washington, DC: American Educational Research Association, 2016, pp. 391–483.

记忆和感知等认知成功实现其功能，是一个系统的产物，而作为参与者的个体和工具与文化产物一起构成这个系统。这意味着思维处于特定的、由意向性、社会伙伴和工具形成的情境之中。①

普特南和博科（Putnam & Borko，2000）指出，情境视角植根于 19 世纪末教育家和心理学家的思想，如杜威（1896）和维果茨基（1934/1962）等，并概述了情境视角的三个中心概念：学习和认知的情境性、社会性和广泛分布性。②

（1）认知的情境性（cognition as situated）。认知处于特定的自然和社会情境中。情境理论学者（Lave & Wenger，1991）③指出，活动发生于其中的自然和社会情境是活动的内在组成部分，而活动是发生于其中的学习的内在组成部分。人们怎样学习特定的知识和技能，以及人们学习的情境，成为所学内容的基本组成部分。而且，鉴于传统的认知视角将个人作为分析的基本单元，情境视角则集中关注交互系统。交互系统包括：作为参与者的个体、与他人的交互作用以及资料和表现系统（representational systems，Cobb & Bowers，1999）。④

（2）认知的社会性（cognition as social）。认知在本质上具有社会性。心理学家和教育者超越了为个体知识建构提供刺激和鼓励，进一步承认了学习过程中他者的地位。在人置身其中的环境中，与他人的相互作用和交往是学习内容和学习方式的主要决定因素。这种关于知识和学习的社会中心观点认为：我们所应用的知识，以及我们思维和表达理念的方式是团体中的人们随着时间的流逝、交互作用的产物。个体参与众多话语社群，包括诸如科学或历史等学术学科，拥有共同兴趣的人群，或具体、特定的课

---

① Greeno, J. G., Collins, A. M., & Resnick, L. B. Cognition and learning. // D. Berliner, and R. Calfee (eds.), *Handbook of educational psychology* [M]. New York：Macmillan, 1996, pp. 15–46.
② Putnam, R. T. & Borko, H. What do new views of knowledge and thinking have to say about research on teacher learning? [J]. *Educational Researcher*, 2000, 29（1）, 4–15.
③ Lave, J. & Wenger, E. *Situated learning：Legitimate peripheral participation*[M]. Cambridge：Cambridge University Press, 1991.
④ Cobb, P., & Bowers, J. S. Cognitive and situated learning perspectives in theory and practice[J]. *Educational Researcher*, 1999, 28（2）, 4–15.

堂。这些话语社群提供认知工具（观念、理论和概念），通过个体运用这些观念、理论和概念并拥有之，使经验变得有意义。学习的过程也是社会性的。研究者将学习界定为：知道和了解怎样加入特定社群的话语并参与其实践（Lave & Wenger，1991）。[①]因此，学习是融入社群并适应文化的问题，社群也会随着新成员带入的理念和思维方式而得以改变。

（3）认知的广泛分布性（cognition as distributed）。认知不是个体独自拥有的，而是广泛分布于个体、他人和工具（诸如物质与符号等人文产物）之中，这让全体成员完成认知任务成为可能。

2. 教师工作情境与情境学习

情境理论重新理解人们的所知与认知情境之间的关系，即知者与所知之间的关系，为研究者和实践者理解和改善教师学习提供了基础。近些年来，已有诸多学者从情境理论的视角来理解教师学习，认为教师学习是不断参与教学实践的过程，通过这一参与活动，教师对教学的理解和认知也日趋增强。

（1）情境取向的概念与原则。持情境取向观点的学者强调了知识与学习的情境性质，认为学习是一种积极主动的、建构式的学习，它受到个体现存知识与信念的强烈影响，同时也处于特定的情境之中（Borko & Putnam，1996，p. 674）。[②]教师原有的经验、知识和信念对教师学习有影响（Ball，1996，P. 501）。[③]同时，教学实践的改变也会影响原有知识和信念，需要获得新的关于教学、学习、学习者和学科的知识与信念。因此，必须支持教师获得这种新知识和信念。从这一角度来说，教师学习并不只是通过知识传递而发生，而应该为其创造适宜的学习环境。在这样的环境

① Lave, J. & Wenger, E. *Situated learning*: *Legitimate peripheral participation*[M]. Cambridge: Cambridge University Press, 1991.

② Borko, H., & Putnam, R. Learning to teach.// D. Berliner & R. Calfee (Eds.), *Handbook of educational psychology* [M]. New York: Macmillan, 1996, pp. 673–708.

③ Ball, D. L. Teacher learning and the mathematics reforms: What do we think we know and what do we need to learn? [J]. *Phi Delta Kappan*, 1996, 77: 500–508.

中，教师能够掌握自己的学习（Putnam & Borko，2000）。[1]

那么，教师应该在怎样的环境中学习？怎样才能产生足够的有影响力的学习经验以改变教师的课堂实践？

情境取向的中心原则是：人们深处其中的学习情境和活动是所学内容的基本组成部分（Greeno，Collins & Resnick，1996）。[2] 这一原则提示：教师自己的课堂是学习的有力情境。然而，这并不意味着专业发展活动和教师学习只能在课堂中进行。教师带着来自自身课堂的经验参与在校外进行的专业发展活动，也能为教师提供大量的学习经验。集中探讨教学实践的活动可以运用课堂资料，如教学计划与安排、课堂录像、学生功课案例。通过这样的方式，也可以把教师的课堂带入专业发展的情境。这样的实践记录（records of practice）让教师探讨他人教学策略和学生学习，讨论改进理念（Ball & Cohen，1999）。[3]

普特南与博科（Putnam & Borko）指出：教师学习经验可以在自身课堂以及校外的专业发展活动中获得。他们描述了将教师学习置于情境之中的不同方式：教师教育者与教师一起，在自己的课堂中共同工作；教师将自己课堂中的问题和实例带入团队讨论中；集中关注教师自身学科学习的夏季工作坊。他们进而指出：最合适的教师发展场所取决于教师学习的具体目标。例如：在夏季工作坊中，能够建立教师与学科的新联系，发展关于个别学生学习的新洞见；教师自己课堂中的经验则适合于促进教师实施具体的教学实践。而且，有可能在多样的情境中结合不同的方式，这有助于培养教师思维与实践多维度的改变。[4] 从情境视角来看，这些方式有其优势和长处。教师的学习与实践相互交织，这就有可能让教师学到的内容

---

[1]　Putnam, R. T. & Borko, H. What do new views of knowledge and thinking have to say about research on teacher learning? [J]. *Educational Researcher*, 2000, 29（1）: 4–15.

[2]　Greeno, J. G., Collins, A. M., & Resnick, L. B. Cognition and learning.// D. Berliner, and R. Calfee（eds.）, *Handbook of educational psychology* [M]. New York: Macmillan, 1996, pp. 15–46.

[3]　Ball, D. L., & Cohen, D. K. Developing practice, developing practitioners: Toward a practice–based theory of professional education. // L. Darling–Hammond & G. Sykes（Eds.）, *Teaching as the learning profession: Handbook of policy and practice* [M]. San Francisco: Jossey–Bass, 1999, pp. 3–32.

[4]　Putnam, R. T. & Borko, H. What do new views of knowledge and thinking have to say about research on teacher learning? [J]. *Educational Researcher*, 2000, 29（1）: 4–15.

以有意义的方式、确确实实地影响和支持教学实践。

（2）工作情境与教师学习。工作场所的因素，如学校文化和结构能够影响教师效能。但工作情境及其对教师活动和行为的影响通常被教育改革者所忽略（Darling-Hammond，1998等）[1]，因此，研究者必须深入理解：在学校改革情境中，教师怎样获得那些促使他们成长和改变的经验（Lieberman，1995，p. 592）。[2]

教师工作情境不是单维度，而是多维度、多样的。教师在不同的情境中学习和工作。教师工作情境主要与日常教学工作相联系，主要发生在课堂和教学中。此外，从更广阔的视角来看，除了课堂和学校，还包括跨校的专业社群、网络以及学校—大学伙伴协作等。例如，厄劳特（Eraut，1994）区分了教师所处的课堂、学校和学术三种情境，认为对教师来说，占主导地位的情境是课堂，教师在课堂中度过大部分的专业生活。学校情境是指对于教师和其他学校持有者来说特有的组织环境。此外，所有专业人员都处在学术情境之中。[3]斯克里布纳（Scribner，2003）则提出教师学习的三重情境：由学生和学科共同构成的教师工作的核心情境，处在学校之中的中间情境，以及更广阔的学区等外围情境。[4]耐普（Knapp，2003）则将教师和学生的学习置于组织情境、家庭与社群情境、更为广阔的政策和专业情境之中。[5]

综合以上观点，本研究认为：教师的工作情境主要由以下部分构成：

（1）课堂情境。学校中教师面对的两种最直接的情境因素是学生和教师的学科。在课堂中，教师以所教学科和教学内容为媒介与学生交往互动，形成教与学。

---

① Darling-Hammond, L. Teacher learning that supports student learning[J]. *Educational Leadership*, 1998, 55（5）：6–11.

② Lieberman, A. Practice that support teacher development[J]. *Phi Delta Kappan*, 1995, 76：591–596.

③ Eraut, M. *Developing professional knowledge and competence*[M]. London：Falmer Press, 1994.

④ Scribner, J. P. Teacher learning in context：The special case of rural high school teachers. *Education Policy Analysis Archives*[EB/OL], 11（12）. Availableat：http：//olam.ed.asu.edu/epaa/v11n12/.

⑤ Knapp, M. S. Professional development as a policy pathway[J]. *Review of Research in Education*, 2003, 27：109–157.

（2）学校情境。学校的任务、组织结构、各项政策，以及与同事、校长之间的交往形成了教师工作的学校组织情境。

（3）家庭和社群情境。教师和学生的家庭和所处的社群也有助于解释教师工作情境。

（4）政策和专业情境。教师作为专业人员处于教学专业的情境之中，同时也处于更为广阔的政策情境之中。

教师工作情境对教师学习和专业发展有重要影响。个人因素、任务因素和工作情境因素共同影响教师参与专业学习活动（Kwakman，2003）。[①]关于教师工作情境对学习的影响，有学者持决定论的观点，认为教师完全受到工作情境的束缚；也有学者持中间立场的观点，认为教师虽然身处束缚之中，但还是有一定的行动自由与自主，可以限制或减少那些束缚。

情境理论的视角为研究者理解教师学习提供了有力基础。最合适的教师发展场所取决于教师学习的具体目标。情境理论强调知识与学习的情境性质，认为学习是一种积极主动的、建构式的学习，它受到个体现存知识与信念的强烈影响，同时也处于特定的情境之中。教师学习可以置于不同的情境之中，自身课堂以及关注教学实践的校外的专业发展活动都可以为教师提供有益的学习经验。同时，为了促进教师的有效学习，需要为其提供有力的课堂、学校、社群、政策与专业情境。

（二）社会文化理论视域中的教师学习

关于学习与发展的社会文化理论（sociocultural theory）由苏联心理学家维果茨基及其合作者在20世纪20年代至30年代提出并发展起来。维果茨基及其继承者较少用社会文化（sociocultural）这个术语，通常是采用"社会历史"（sociohistorical）或"文化历史"（cultural-historical）的表述。沃茨奇（Wertsch，1995）认为，"社会历史"和"文化历史"更能反映该理论的传统。之所以选用"社会文化"这一术语，是因为它反映了不同学

---

① Kwakman, K. Factors affecting teachers' participation in professional learning activities[J].*Teaching and Teacher Education*, 2003. 19（2）: 149–170.

者对文化的理解；对于当前，尤其是西方国家关于人文科学的辩论来说，用"社会文化"一词则更为适合。[1] 因此，我们可以见到的当前大部分关于这一理论的著述都采用"社会文化"这样的表达。

近些年来，社会文化理论在西方国家的影响日益增强（John–Steiner & Mahn，1996），[2] 人们见证了一场"社会文化革命"（sociocultural revolution）（Voss 等，1995）。[3] 由加州大学比较人类认知实验室（Laboratory of Comparative Human Cognition）创立的杂志《心智、文化与活动》（*Mind，Culture，and Activity*）更是为社会文化理论研究创建了一个平台。本部分首先阐述建构主义与社会文化理论的关系，随后介绍社会文化理论的主要概念和基本主题，最后探讨社会文化理论视域中的教师学习研究。

1. 社会建构主义与社会文化理论

随着心理学家对人类学习过程、认知规律研究的不断深入，认知学习理论的一个重要分支——建构主义（constructivism）学习理论在西方逐渐流行。就社会文化理论和建构主义关于学习的视角和观点，学者们对它们的相同点、不同点，优点及局限性有广泛的探讨。

学者们认为，建构主义是关于学习、认知活动本质的认识论分析。学习并非对于教师所授予的知识的被动接受，而是学习者以自身已有的知识和经验为基础的主动建构过程。个体建构主义对认识活动个体特殊性进行绝对肯定，并认为应把这看成一种高度自主的活动；社会建构主义则反对认识活动的个体自主性，强调社会、文化环境对于个体认识活动的作用。

柏拉沃特（Prawat，1996）将建构主义学习理论分为现代建构主义和后现代建构主义：现代建构主义包括激进建构主义、信息加工理论；后现代建构主义则包括：社会文化理论、符号交互主义，社会心理建构主义、

---

[1]　Wertsch，J.V.，del Río，P.，Alvarez，A.（Eds.）*Sociocultural studies of mind.* [M] Cambridge：Cambridge University Press，1995.

[2]　John–Steiner，V. & Mahn，H. Sociocultural approached to learning and development：A Vygotskian framework[J]. *Educational Psychologist*，1996，31（3–4）：191–206.

[3]　Voss，J.F.，Wiley，J.，Carretero，M. Acquiring intellectual skills[J].*Annual Review of Psychology*，1995.46：155–81.

基于理念的（杜威）社会建构主义。① 尽管关于建构主义的观点不尽相同，但其共同之处在于：都关注学习与认识的社会维度，认为知识的建构不仅仅在于个体，学习和理解内在地具有社会性；文化活动和工具（从符号系统到人类文化产物，直到语言）与概念发展是整合的。

帕林克萨（Palincsar，1998）将社会建构主义分为皮亚杰的社会认知冲突理论（sociocognitive conflict theory）和维果茨基的社会文化理论。② 因此，社会文化理论可以理解为社会建构主义理论中的其中一个路向。

2. 社会文化理论的关键概念

社会文化理论的目的是阐明人类心理机能及其发生的文化、制度和历史情境之间的关系（Wertsch，1995）。③ 个体的心理机能内在地处于社会互动、文化、制度和历史情境之中。因此，要理解人类思维和学习，就必须研究思维和学习的情境。

根据维果茨基的理论，调节（Mediation）、最近发展区（Zone of Proximal Development，ZPD）、内化（Internalization）等是理解思维与学习的关键概念 ④。

维果茨基认为，心理机能有四个发展阶段，智能是动态变化的。社会和个体心理活动在其社会环境中受到工具和符号的影响或调节（如，语言、图表、艺术作品、数学符号、软件、电子信息、网上课程、会议或其他电子信息）。因为个体发展依赖于学习环境中的制度情境和文化产物，科技进步改变了可获得的文化工具和情境，因此，它也改变了心智。

最近发展区是指人们实际发展水平与潜在发展水平之间的距离。实际发展水平由独立解决问题水平决定，潜在发展水平由成人指导或与更有能

---

① Prawat, R.S. Constructivisms, modern and postmodern[J].*Educational Psychologist*，1996，31（3&4）：215-225.

② Palincsar, A. S. Social constructivist perspectives on teaching and learning[J]. *Annual Review of Psychology*，1998，49：345-375.

③ Wertsch, J.V., del Río, P., Alvarez, A.（Eds.）*Sociocultural studies of mind*[M]. Cambridge：Cambridge University Press，1995.

④ Vygotsky, L. *Mind in society*：*The development of higher psychological processes*[M], Eds. M. Cole，V. John-Steiner, S. Scribner, E. Souberman. Cambridge, Mass：Harvard University Press，1978.

力的同伴协作获得的解决问题能力决定。根据社会文化理论，当处在最近发展区时，在工具、符号和人类脚手架的调节帮助下，个体可以获得新的心理机能和思维模式。最近发展区的形成，不仅仅在个体学习者内部形成，而且在与学习者、共同参与者，以及在共同活动中可获得的工具之间互动时形成。因此，最近发展区既取决于个别学习者的能力，也取决于整个交互情境的质量。

最近发展区前提的中心是：高级心理机能取决于内化过程。根据社会文化理论，人的发展呈现两次：一次是与他者一起的社会性发展，随后是独立解决问题的发展。换言之，发展是由外至内的。因此，内化是新信息获取的过程，这些新信息是经验到的，或在社会情境中学习到的，同时也是发展必要的技能或智力机能的过程，以独立地使用这些新知识和机能。内在言说对发展是重要的，因为它是自我调节行为内化的桥梁。其关键假设是：学习不是复制的过程，而是学习者在自身技能、需要和经验基础上调适或应用技能与信息的过程。

3. 社会文化理论的基本主题

在分析维果茨基社会文化理论的理论架构时，在《心智的社会文化研究》（Sociocultural studies of mind）的前言中，沃茨奇（Wertsch，1995）阐述了社会文化理论的两个基本主题：人类行动和调节。人类行动是社会文化研究的对象。"调节的行动"是维果茨基理论的分析单元，行动和调节相互关联。[①]

社会文化理论的目标是：阐明人类行动与行动发生的文化、制度、历史情境之间的关系。人类活动在本质上具有社会文化性。个体和团体采取的行动，既是内在的，又是外在的。沃茨奇认为，尽管哈贝马斯、利科、韦伯、杜威等都对"行动"有各自的论述，但维果茨基的符号调节（semiotic mediation）在其理论中占据中心地位。调节是理解人类行动和人的本性的关键，是理解社会—文化—历史理论的起点，其假设是：人类接

---

① Wertsch, J.V., del Río, P., Alvarez, A. (Eds.) *Sociocultural studies of mind*[M]. Cambridge: Cambridge University Press, 1995.

近世界的方式只可能是间接或受到调节的，而不是直接或即刻的。^①

沃茨奇强调：人类怎样获得关于世界的信息，以及怎样对之采取行动，这两个过程是相互交织的。调节方式或文化工具在社会文化理论中占据中心地位，它为联结个体/团体采取的具体行动及其文化、制度、历史背景，架设了一座桥梁。调节是一个积极主动的过程。进行调节的文化工具能够形成行动，但它们并不以一种静态、机械的方式决定或引起行动。只有当个体使用这些工具的时候，它们才会产生影响。此外，调节具有改变的能量，能够赋权增能。社会文化研究应该考虑变革，而不是仅仅探询人类行动和行动发生的文化、制度和历史背景。我们应该应用社会文化理论提供的洞见去解决真实世界中的问题。[2]

4. 社会文化理论探询教师学习的意义

社会文化理论对教师教育和教师专业发展有着特别的意义。已有不少学者应用社会文化理论分析教师教育，将社会建构主义（包括社会文化理论）的原则应用于设计教师专业发展的情境。鲁埃达（Rueda，1998）在《专业发展标准：社会文化的视角》（Standards for professional development：A sociocultural perspective）一文中强调了教师专业发展情境的重要性。[3] 2004 年春季，《教师教育季刊》（Teacher Education Quarterly）更是用整整一期（V.31，No.2）对发展教师专业技能与知识的协作情境（collaborative contexts）进行探讨，该专辑即命名为《教师学习的社会文化维度》（Sociocultural Dimensions in Teacher Learning）。

（1）教师学习社群。在教育改革中，应用社会文化理论最明显的例子就是把课堂和学校重新建构成为学习社群（Palincsar，1998）。[4] 教师学习

---

① Wertsch, J.V., del Río, P., Alvarez, A.（Eds.）*Sociocultural studies of mind*[M]. Cambridge：Cambridge University Press, 1995.

② Wertsch, J.V., del Río, P., Alvarez, A.（Eds.）*Sociocultural studies of mind*[M]. Cambridge：Cambridge University Press., 1995.

③ Rueda, R. *Standards for Professional Development：A Sociocultural Perspective*[EB/OL]. Center for Research on Education, Diversity & Excellence.Research Briefs.Paper research_brief02. Available：http：//repositories.cdlib.org/crede/rschbrfs/research_brief02

④ Palincsar, A. S. Social constructivist perspectives on teaching and learning[J]. *Annual Review of Psychology*, 1998, 49：345–375.

社群在当前的教师专业发展活动和研究领域中是一个运用社会文化的概念架构，把团体作为分析单位来探讨专业发展的参与过程和活动，可以发现：强有力的专业社群能够促进教师学习（Borko，2004），[①]有助于改进教学和促进教育改革（Little，2002）。[②]

例如，恩格尔特与塔兰特（Englert & Tarrant，1995）的研究发现：在教师的学习社群中，教师们探究自己的阅读教学实践。并且，教师们将社会文化理论关于课程与教学的原则应用于有学习困难的学生。教师们在了解社会文化理论以后，系统地尝试新实践，自己对革新的结果进行探究，并与其他教师分享他们的智慧。[③]

教师学习社群的研究致力于探讨：教师团体在一起探询与改进实践时的协作交往，以及交往沟通规范和信任的建立与维持。例如，教师学习社群计划将中学英语教师、历史教师和大学教育者聚集在一起，阅读书籍，讨论教学和学习，设计跨学科的人文课程，有助于共同改进教育教学实践（Grossman，Wineburg & Woolworth，2001）。[④]

（2）大学与学校伙伴协作的教师学习。教育界对教师协作的呼吁日益强烈，其背后的理据是：反馈、新讯息或理念并不仅仅来自于个体学习，在很大程度上也来自与他人的对话和交往。而且，协作被认为能形成一种学习文化，帮助建构一种支持和促进学习的社群（Kwakman，2003）。[⑤]亦有研究者应用社会文化理论对大学—学校协作情境中的教师学习进行分析。社会文化理论关于情境、调节的活动、参与社群和认知的广泛分布、变革等观点的论述，可以为大学—学校协作情境中的教师学习提供新洞见和多

---

① Borko, H. Professional development and teacher learning: Mapping the terrain[J]. *Educational Researcher*, 2004, 33（8）: 3-15.

② Little, J. W. Locating learning in teachers' communities of practice: Opening up problems of analysis in records of everyday practice[J]. *Teaching and Teacher Education*, 2002, 18: 917-946.

③ Englert, C.S. & Tarrant, K. Creating collaborative cultures for educational change[J]. *Remedial and Special Education*, 1995, 16: 325-336.

④ Grossman, P., Wineburg, S., & Woolworth, S. Toward a theory of teacher community[J]. *Teachers College Record*, 2001, 103: 942-1012.

⑤ Kwakman, K. Factors affecting teachers' participation in professional learning activities[J]. *Teaching and Teacher Education*, 2003, 19（2）: 149-170.

层次的分析视角。

在学校改进中，大学研究者或参与者作为外部变革力量走进学校，作为外来咨询者、促进者、或设计团队，为学校提供帮助和支持、促进变革，帮助学校提升能量。而学校教师则是具有重要影响力的内部变革力量（Wikeley 等，2005），[①] 教师是学校改进的中心（Fullan，2001）。[②]

研究者认为：大学与学校的协作可以促进教师同僚关系的发展，降低教师孤立感，并建立相对于传统学校组织结构的社群与协作的专业文化。大学参与者主要为教师走到一起创造时间和空间等必要的资源（活动与会议等），并维系社群的发展。在大学与学校的协作情境中，学校改进成功的关键在于：教师实施改革的理念，取决于教师学习（Finley，2000）。[③] 当教师学习是一种"转型性"的学习（transformative learning），其引发的信念、知识、实践习惯的深层次的改变能够促进教师发展和学校发展（Thompson & Zeuli，1999）。[④]

综上所述，情境与社会文化理论对于教师学习研究与实践的意义主要在于：根据情境理论，以团队为焦点，探究教师学习社群对教师学习和变革的影响（Putnam & Borko，2000）；[⑤] 用于设计教师专业发展活动的情境（Palincsar，1998）；[⑥] 通过大学与学校建立伙伴协作关系促进学生、教师和学校发展等方式，探究教师学习和发展专业知识与技能的协作情境

---

① Wikeley, F., & Murillo, J. Effective school improvement: An introduction[J]. *School Effectiveness and School Improvement*, 2005, 16（4）: 355–358.
② Fullan, M. *The new meaning of educational change*（3rd ed.）[M]. New York: Teachers College Press, 2001.
③ Finley, S.J. *Instructional coherence: The changing role of the teacher*[EB/OL].Southwest Educational Development Laboratory. Available at: http://www.sedl.org.
④ Thompson, C.L. & Zeuli, J.S. The frame and the tapestry: Standards–based reform and professional development. // L. Darling–Hammond & G. Sykes（Eds.）, *Teaching as the learning profession: Handbook of policy and practice* [M]. San Francisco: Jossey–Bass Publishers, 1999, pp. 341–375.
⑤ Putnam, R. T. & Borko, H. What do new views of knowledge and thinking have to say about research on teacher learning? [J]. *Educational Researcher*, 2000, 29（1）: 4–15.
⑥ Palincsar, A.S., Magnusson, S.J., Marano, N., Ford, D., & Brown, N.（1998）.Designing a community of practice: Principles and practices of the GIsML Community[J].*Teaching and Teacher Education*, 14（1）, 5–19.

（Nelson，2004）等。[1]

　　研究者们基于学习的理论视角对教师学习进行分析，为教师学习的实践探究提供了可供选择的视角，尤其是运用情境理论和社会文化理论，有助于从个体、社群、文化制度等层面理解教师学习的系统性和复杂性，能为反思和改进当前教师学习的实践提供参照。通过参与专业学习活动，教师个体能够提升学科知识和技能、增进对学生思维与学习的理解，并改善教学实践；且强有力的专业社群能够促进教师学习，有助于改进教学和促进教育改革。而教师工作生活在制度情境中，研究者、政策制定者需要为教师成长提供良好的支持情境。如何基于中国传统的学习理论，探讨教研和培训等中国教师专业发展的制度情境，基于中国教师的专业素养和工作情境，探讨中国教师学习制度与本土实践机制，是未来可以进一步探询的议题。

---

① Nelson，T.G.（2004）. Sociocultural dimensions in teacher learning[J]. *Teacher Education Quarterly*, 31（2），3-5.

第三章　教师学习的发生与实现机制

王　军

　　教师专业发展一直是教师教育实践、政策与学术领域密切关注的主题，尤其近年来，"职后 40 年"相对于"职前 4 年"的重要性日益被看重。而教师学习，无疑是教师实现专业发展的核心路径。教师是一种需要终身学习的职业，那么，教师是如何学习的？这种学习是怎样发生的？又是怎样实现的？这些问题理应成为我们教师专业发展关注者的重点课题。"我们相信，任何改善教师学习的尝试都应基于教师如何学习的充分的科学知识。"①

　　为了充分了解国内外最新研究中关于"教师如何学习的充分的科学知识"，把握教师学习的规律，研究者以"教师学习"（teacher learning, teacher professional learning）为关键词，通过 Web of Science、Springer、JSTOR、中国知网等数据库，检索并筛选了 2009 年以来的相关文献，最终获得与教师学习的发生与实现机制密切相关的文献 83 篇。经过编码、析出主题、主题分析与比较，本章最终从教师学习的影响因素、过程、方式与途径、模式、场所和环境、产出和结果，以及不同职业生涯阶段教师学习等七个方面揭示了近十年来关于教师学习发生与实现机制的研究成果，涉及从师范生（准教师）到职业生涯后期的教师职业生涯全阶段。

---

① Vermunt J D, Endedijk M. D. Patterns in teacher learning in different phases of the professional career[J]. *Learning & Individual Differences*, 2011, 21（3）, 294–302.

一、教师学习的影响因素

研究者从不同角度切入，发现了多种影响教师学习的因素。其中，欧普弗（Opfer），布朗内尔（Brownell），费曼－奈姆瑟（Feiman-Nemser）等认为教师学习是多种因素共同作用的结果。具体来说，欧普弗等指出，教师专业学习有内部、外部和合作三种取向[1]，教师学习受到教师、学校、学习活动以及他们之间相互作用的影响[2]。教师学习变化被定义为信念变化、实践变化和学生变化的综合结果[3]。布朗内尔等的研究发现：教师对自身当下教学实践能力的分析能力是影响教师学习的核心因素，而教师个人素质、情境因素和教师专业发展项目的组成也最终影响教师学习。[4] 这与费曼－奈姆瑟的研究结论相似。她指出，教师学习是个体、项目、情境互动的结果[5]。

卡梅隆（Cameron）等研究发现了影响教师学习参与度和学习质量的三个主要因素：孤立（地理上和专业上），成本（教育上和情感上），以及教师的专业和个人生活阶段。他们认为，"参与学习的程度不仅仅可以归因于专业因素"，教师学习受到个人、环境和专业等三种因素的共同影响。[6]詹姆斯（James）等研究指出，"学校政策、教师的专业学习和他们促进学

---

① Opfer V. D., Pedder D. G., Lavicza Z. The role of teachers' orientation to learning in professional development and change: A national study of teachers in England[J]. *Teaching and teacher education*, 2011, 27（2）: 443-453.

② Opfer V. D., Pedder D. Conceptualizing teacher professional learning[J]. *Review of educational research*, 2011, 81（3）: 376-407.

③ Opfer V. D., Pedder D. G., Lavicza Z. The role of teachers' orientation to learning in professional development and change: A national study of teachers in England[J]. *Teaching and teacher education*, 2011, 27（2）: 443-453.

④ Brownell M. T., Lauterbach A. A., Dingle M. P., et al. Individual and contextual factors influencing special education teacher learning in literacy learning cohorts[J]. *Learning Disability Quarterly*, 2014, 37（1）: 31-44.

⑤ Feiman-Nemser S. *Teachers as Learners*[M]. Cambridge: Harvard Education Press, 2012: 2.

⑥ Cameron S., Mulholland J., Branson C. Professional learning in the lives of teachers: Towards a new framework for conceptualising teacher learning[J]. *Asia-Pacific journal of teacher education*, 2013, 41（4）: 377-397.

生自主学习的能力之间存在强有力的统计关系"①。阿瓦洛斯（Avalos）通过对过去十年教师专业发展方面的文献综述指出，过去十年，研究者其实已经达成了共识："教师学习和发展是一个复杂的过程，它汇集了许多不同的要素"，"而且，在这个过程的中心，教师同时是学习和发展的主体和客体。"②

综合已有研究可见，教师学习主要受到个体、组织和学习活动等因素的影响，尤其个体和组织因素，受到研究者的普遍关注。因此，下面我们从个体和组织因素方面具体展开。

（一）影响教师学习的个体因素

在教师学习的个体因素中，三个研究肯定教师信念的作用。教师信念在促进或阻碍教学学习和教师发展方面发挥重要作用③。西布里奇（Siebrich）等对师范生的研究发现，学生取向的教师信念与自我报告的学习活动参与呈正相关；学科取向的教师信念与学习之间没有任何关系。其中，学科取向指的是更传统的知识传递型教学形式，侧重于传递和学习关于某一学科的内容和知识；而学生取向以知识和学习的建构主义理论为基础，侧重技能和能力的发展，学生能够通过个人和社会互动积极地建构知识。④东奇（Donche）等研究发现，长期教师培训实习后，师范生的学习教学模式都有相对程度的变化。尤其生存取向的师范生经历了更大程度的变化。⑤

---

① James M., McCormick R. Teachers learning how to learn[J]. *Teaching and teacher education*, 2009, 25（7）: 973–982.

② Avalos B. Teacher professional development in teaching and teacher education over ten years[J]. *Teaching and teacher education*, 2011, 27（1）: 10–20.

③ Tam A. C. F. Exploring teachers' beliefs about teacher learning in professional learning communities and their influence on collegial activities in two departments[J]. *Compare: A Journal of Comparative and International Education*, 2015, 45（3）: 422–444.

④ Vries S. D., Jansen EPWA, Helms–Lorenz M., et al. Student teachers' beliefs about learning and teaching and their participation in career–long learning activities[J]. *Journal of Education for Teaching*, 2014, 40（4）: 344–358.

⑤ Donche V., Endedijk M. D, Van Daal T. Differential effects of a long teacher training internship on students' learning–to–teach patterns[J]. *European journal of teacher education*, 2015, 38（4）: 484–495.

洛乌斯（Louws）等研究发现，教师学习某一自选领域的原因高度自主，他们想要学习一个领域是因为他们认为这个领域有趣（直觉原因）并且 / 或者重要（鉴定原因）。其中，鉴定原因（这个主题是否重要）与教龄呈负相关（虽然并不显著）。洛乌斯（Louws）等认为戴（Day）等的发现——职业后期教师对他们的工作有更多的情绪距离——可能是这个问题的一种解释，他们认为，职业后期的教师可能对学习也有更多的情绪距离，他们把学习看得不太重要了。[1]

此外，Jokikokko 等研究发现教师情绪对教师的跨文化学习发挥着重要作用。[2] 费曼－奈姆瑟指出，教师学习受学生时代教育中所获得的经验的有力影响[3]。

（二）影响教师学习的组织因素

在影响教师学习的组织因素中，组织文化、组织中领导的作用，以及群体惯例被发现。"学习型组织文化直接影响教师的学习动机。""学习型组织文化直接影响教学专业化，并通过教师的学习动机间接影响教学专业化。""提高教师的学习积极性，提高学习型组织文化水平，有利于提高教学专业性。"[4]张（Zhang）等的研究发现"学校领导的支持对于促进教师在校本环境中的探索性学习是必要的。然而，最能支持教师学习的领导力策略需要进一步调查"。[5]

霍恩（Horn）等研究发现，在教师职场互动中，不同群体所特有的不同会话惯例为他们提供了不同的接触、概念化和从实践问题中学习的资源。

① Louws M. L., Meirink J. A., Van Veen K., et al. Teachers' self-directed learning and teaching experience: What, how, and why teachers want to learn[J]. *Teaching and teacher education*, 2017, 66: 171-183.

② Jokikokko K., Uitto M. The significance of emotions in Finnish teachers' stories about their intercultural learning[J]. *Pedagogy, Culture & Society*, 2017, 25（1）: 15-29.

③ Feiman-Nemser S. Teachers as Learners[M]. Cambridge: Harvard Education Press, 2012: 30.

④ 이 광 호 .Structural Relationships between Learning Organization Culture, Teacher's Learning Motivation, LMX of Principal-Teacher, Teaching Professionalism perceived by Elementary School Teachers[J]. *The Journal of Elementary Education*, 2015, 28（4）, 193-217.

⑤ Zhang X, Wong J L N. How do teachers learn together? A study of school-based teacher learning in China from the perspective of organisational learning[J]. *Teachers and Teaching*, 2018, 24（2）: 119-134.

具体来说，他们在将教学框架与具体实践实例联系起来的程度上存在差异。"我们认为群体话语的生成性差异不能归因于个体教师的个人和职业倾向，而应该被视为每个群体的集体取向及其背景资源和约束所产生的"。①

二、教师学习的过程

已有研究对教师学习过程多持建构主义观点。具体来说，主要有以下几种：

约翰逊（Johnson）等利用维果茨基社会建构主义视角解释教师学习，认为教师学习是内化、转化的过程②。他们指出，"思想和记忆起源于，并根本上被我们所参加的社会活动所塑造。因此，认知发展是一种社会中介的活动（socially mediated activity），同样的，我们的意识发展的方式取决于我们所参与的特定社会活动"。③"对于教师来说，这意味着他们所参加的这些活动（教室和学校里的学习者，教师教育项目里的学习者，教育机构的教师）塑造了他们的思考，形成了他们推理的基础。他们把这种推理作为工具，思考他们和其他人在活动中做什么，也作为更为复杂和创造性的活动的发展的砖石"。④"认知发展是一个从外部社会中介活动向由学习者个体控制的内部中介渐进的运动，维果茨基（1978）称之为内化"。毛齐明指出，教师学习分为内化、转化、外化和世俗化四个环节。⑤

① Horn I. S., Little J. W. Attending to problems of practice: Routines and resources for professional learning in teachers' workplace interactions[J]. *American educational research journal*, 2010, 47（1）：181–217.

② Johnson K. E., Golombek P. R. "Seeing" teacher learning[J]. *Tesol Quarterly*, 2003, 37（4）：729–737.

③ Flavell J. H., Miller P. H., Miller S. A. *Cognitive development*[M]. Englewood Cliffs, NJ: Prentice–Hall, 1985.

④ Hall J. K., Verplaetse L. S. The development of second and foreign language learning through classroom interaction[M].//Hall J. K. & Verplaetse L. S.（Eds.）, *Second and foreign language learning through classroom interaction*. Mahwah, NJ: Erlbaum, 2000: 1–20.

⑤ 毛齐明，蔡宏武 . 教师学习机制的社会建构主义诠释 [J]. 华东师范大学学报（教育科学版），2012, 30（02）：19–25.

麦克德维特（McDevitt）等主张教师学习是连接和不断反思的过程。他们通过研究发现，教师学习是教师自身的知识储备与教学和学生发生连接，并不断反思的过程。"对于她来说，教师学习真正发生了，是因为她能够通过分享她的独特经历和建构亲密关系而与孩子们联系起来。此外，通过研讨和周记，她能够参与到反思过程中去。"①

张洁和周燕主张教师学习是意义建构和教师专业素养提升的过程。他们指出，教师学习的本质是教师在"学习实践体"中通过"向心性参与"对外语教育与教学及自我发展进行意义建构，从而提升教师个体的专业素养，保障外语教学的质量。②

此外，张倩和李子建基于生态学视角，主张教师学习是系统的生态性转变的过程。具体来说，这一过程"是以专业身份的建构与发展为导向和动力的，是以实践参与为发生机制的，是以实践社群（专业学习社群或专业共同体）为发生情境的。"③张（Zhang）等在研究中发现教师开发了以实施为导向（开发学习）和以实验为导向（探索学习）两种学习过程。④

三、教师学习的方式与途径

（一）准教师学习的方式与途径

麦卡锡（McCarthy）研究发现，让准教师通过完成任务而实现教学，会激发他们的主动学习，增进教师知识（而不仅仅是科学知识）。2013 年

---

① McDevitt S. E., Kurihara M. Bridging Funds of Knowledge in Learning to Teach: The Story of a Japanese Pre-service Teacher's Authentic Teaching Practicum Experience[J]. *Journal of Thought*, 2017, 51（3-4）: 38-51.

② 张洁，周燕. 我国外语教育传统中的教师学习——一项人类学视阈下的个案研究 [J]. 外语与外语教学，2018（04）: 34-43，147-148.

③ 张倩，李子建. 论教师的养成——以"学为人师"为视角 [J]. 教育学报，2016，12（06）: 32-39.

④ Zhang X, Wong J L N. How do teachers learn together? A study of school-based teacher learning in China from the perspective of organisational learning[J]. *Teachers and Teaching*, 2018, 24（2）: 119-134.

秋季，20 名科学 / 语言艺术 / 社会研究方法课程的教师候选人通过完成科学项目为四年级和八年级学生提供指导。配对 T 检验发现，这一举措增进了教师知识，但不仅仅是科学知识。[①]

有学者在教师教育项目中引入人类学视角，让准教师作为人类学家，观察孩子和孩子的学习，以把理论与实践结合起来，学会教学。"具体而言，我们让学生观察孩子在做什么，而不只是他们没有在做什么，并且，把孩子不只视为学生、学习者，抑或成人社会化努力的目标，而是也把学生视为完整的人，以及他们发展过程中的积极代理人（active agents）——他们在自己想要学什么、做什么、创造什么上，有自己的观点。不只在教室里，在非正式学习环境中看到儿童似乎是关键。"[②]

格罗斯曼（Grossman）等通过重新定义教学重新定义教师教育。他们认为，教师教育应围绕一系列核心实践来组织，在这些核心新实践中，知识、技能和专业认同在学习进程中获得发展。[③]

（二）新教师学习的方式与途径

在新教师的学习方式和途径中，研究者强调规划和计划的重要性。马顿（Mutton）等指出，学习如何规划是新教师的一个特点。通过规划，教师能够学习教学，同时，通过教学，他们能够学习规划。[④]桑托约（Santoyo）和张（Zhang）研究指出，"在整个大学课程和实践学习中，课程计划——定义为开发对互动和学习结果的有形指南[⑤]——对于新教师来

---

① McCarthy D. L. A science fair partnership: An active learning experience for teacher candidates[J]. *Journal of College Science Teaching*, 2015, 45（2）: 36–40.

② Orellana M. F., Johnson S. J., Rodriguez-Minkoff A. C., et al. An apprentice teacher's journey in "Seeing Learning" [J]. *Teacher Education Quarterly*, 2017, 44（2）: 7–26.

③ Grossman P., Hammerness K., McDonald M. Redefining teaching, re-imagining teacher education[J]. *Teachers and Teaching*: theory and practice, 2009, 15（2）: 273–289.

④ Mutton T., Hagger H., Burn K. Learning to plan, planning to learn: The developing expertise of beginning teachers[J]. *Teachers and teaching*, 2011, 17（4）: 399–416.

⑤ Ball A. L., Knobloch N. A., Hoop S. The instructional planning experiences of beginning teachers[J]. *Journal of Agricultural Education*, 2007, 48（2）: 56–65.

说（其重要性）可能是压倒性的"。①

有研究者用排练的方法促进新手教师学习教学，证明有效。教师教育者在排练中担任教师或学生角色，为新手教师提供引导和反馈。活动的整体结构为一个前后关联的循环：观察——集体分析——准备——排练——课堂实施——集体分析。之后，在不同的班级中做同样的教学活动，同时进入下一个循环。②

（三）在职教师学习的普遍方式与途径

在在职教师学习的方式与途径中，教师个体的力量被强调。"自我反思（self-reflection）是当今全球教师培训的优先事项。"③有研究者强调教师内心力量的作用，通过开放心灵等发现最好的自己。④

同时，同伴辅导、合作学习、代际学习等基于关系的教师学习方式与途径也被研究者发现。有研究者发现，基于同伴辅导的教师专业发展路径可以提高教师的学习参与和学习设计技能。他们对 20 名在职普通话教师的一种准实验设计证明了这一点。实验组教师学习了基于同伴辅导的个性化学习方法，而对照组教师则采用基于专家指导的个性化学习方法。结果表明，实验组的测试得分显著高于对照组。⑤多彭伯格（Doppenberg）等绘制了教师合作学习活动类别图表。同时他们还发现，"高质量的团队会议可以成为教师学习的有力背景"。⑥

吉雷尔茨（Geeraerts）等通过对教师代际学习内容和方式的研究发现，

---

① Santoyo C., Zhang S. Secondary Teacher Candidates' Lesson Planning Learning[J]. *Teacher Education Quarterly*, 2016, 43（2）：3–27.

② Lampert M., Franke M. L., Kazemi E., et al. Keeping it complex: Using rehearsals to support novice teacher learning of ambitious teaching[J]. *Journal of teacher education*, 2013, 64（3）：226–243.

③ Mikk J., Veisson M., Luik P. Lifelong Learning and Teacher Development[J]. *Estonian Studies in Education*. Volume 4. Peter Lang Frankfurt, 2012, 60（6），871–873.

④ Quinn R. E., Heynoski K., Thomas M., et al. *The best teacher in you*: *How to accelerate learning and change lives*[M]. Berrett–Koehler Publishers, 2014：56–57.

⑤ Ma N, Xin S, Du J Y. A peer coaching–based professional development approach to improving the learning participation and learning design skills of in–service teachers[J]. *Journal of Educational Technology & Society*, 2018, 21（2）：291–304.

⑥ Doppenberg J. J., Bakx A W E A., Brok P. J. Collaborative teacher learning in different primary school settings[J]. *Teachers and Teaching*, 2012, 18（5）：547–566.

教师从年轻同事那里学习创新的教学方法和信息通信技术技能，从年长同事那里学习实用信息、课堂管理技能、自我监管和社区建设。而从年轻和年长的同事那里都学到了关于教学的态度和成为教师的不同方式。非正式的活动和关系、不同形式的辅导，以及在学科团队或研讨会中工作是不同方向（向年长或者年轻同事）教师学习共同的重要学习来源。①

除了正式职业发展活动中的学习，教师的日常学习也是非常重要的学习方式和途径。格罗斯曼（Grosemans）等指出，"教师学习不仅仅发生在正式的职业发展活动中，事实上，大多数学习都是通过日常练习来实现的。"他们对教师的日常学习和非正式学习的调查显示，教师通过各种学习活动进行学习，包括"实验""反思""不通过互动而向他人学习"和"合作"。② 另有研究者指出，教师的行动研究可以帮助教师了解他们的实践并提高学生的成绩。③

教师的时间管理和时间分配受到关注。梅里特（Merritt）指出，"一个富有成效的教学日需要大量的计划时间，去选择有效的教学策略、设计课程、准备教材以及与他人合作。"④ 纳萨雷诺（Nazareno）主张重新设计教师学习的时间，来最大化教师学习。其措施包括：精确记录时间在目前学校里的分配（硬数据），收集共情数据（软数据，对教师做观察和访谈，了解教师个体的时间分配、故事、需要等），分析数据，找到教师的需要。⑤

移动学习受到关注。对教师教育中的移动学习的文献综述发现，将移

① Geeraerts K, Tynjälä P, Heikkinen H L T. Inter-generational learning of teachers: what and how do teachers learn from older and younger colleagues?[J]. *European Journal of Teacher Education*, 2018, 41 (4): 479-495.

② Grosemans I., Boon A., Verclairen C., et al. Informal learning of primary school teachers: Considering the role of teaching experience and school culture[J]. *Teaching and Teacher Education*, 2015, 47: 151-161.

③ Chou C. Teachers' Professional Development: Investigating Teachers' Learning to Do Action Research in a Professional Learning Community[J]. *Asia-Pacific Education Researcher* (De La Salle University Manila), 2011, 20 (3): 421-437.

④ Merritt E. G. Time for teacher learning, planning critical for school reform[J]. *Phi Delta Kappan*, 2016, 98 (4): 31-36.

⑤ Nazareno L. 4 steps for redesigning time for student and teacher learning[J]. *Phi Delta Kappan*, 2016, 98 (4): 21-25.

动学习纳入教师教育情境的趋势越来越明显。多项研究报告，参与移动学习和使用移动学习设备是有益的。[①]

教师学习的个人化和外显化也受到关注。研究指出，通过微型认证（Microcredential）公开化并认证教师学习，可以使教师获得教师学习的自主权，把教师学习个人化和外显化。微型认证使用工作中产生的作品、视频和其他物品，把教师正式和非正式的学习小块小块地归档，通过这一步骤，教师把他们和学生与同事已经掌握的和完成的内容公开化。基于这些证据，教师可以被认证他们达成了什么成就。微型认证"向我们展示了我们怎样可以引导我们自己的学习"。[②]

四、教师学习的模式

关于教师学习的模式，维尔穆恩特（Vermunt）等指出，"学习模式是学习者通常使用的学习活动、他们对自己学习的信念和学习动机的连贯整体"，他们建立了教师学习模式模型，包括学习活动、学习控制调节、自我学习教学的信念、学习教学的动机、学习成果、个人和背景因素。通过综述，他们发现了三种基本的学习模式：

（1）即时表现导向模式，主要旨在提高个体在课堂上的即时表现。

（2）意义导向模式，旨在理解基本原则并扩展个体的实践理论。

（3）无导向模式，其特点是体验（学习）教学或教育创新的问题，有时与逃避学习相结合。[③]

---

① Baran E. A review of research on mobile learning in teacher education[J]. *Journal of Educational Technology & Society*, 2014, 17（4）: 17–32.

② Berry B., Airhart K. M., Byrd P. A. Microcredentials: Teacher learning transformed[J]. *Phi Delta Kappan*, 2016, 98（3）: 34–40.

③ Vermunt J. D., Endedijk M. D. Patterns in teacher learning in different phases of the professional career[J]. *Learning and individual differences*, 2011, 21（3）: 294–302.

五、教师学习的场所和环境

在教师学习的场所和环境方面，场所和环境的形式和实质都得到了研究。

弗里曼（Freeman）和约翰逊（Johnson）指出，教师是教室、学校、教师教育项目里的学习者[①]。张倩和李子建指出，教师学习以实践社群（专业学习社群或专业共同体）为发生情境[②]。

麦克德维特（McDevitt）和粟原（Kurihara）提出，要创设一种"学习教学"的环境，这种环境欢迎准教师利用他们的知识储备，并参与批判性反思[③]。

珀西（Peercy）等指出，围绕课程设计和实施而进行的教师研究组是教师学习的场所，研究组主要围绕课程设计、重新设计和学生学习而对话。在这样一个探究共同体中，教师将自己、同事和研究团队同时定位为专家和学习者。教师的这种动态和多重定位产生了特别惊人的学习机会。当教师将他们的专长外部化时，他们的假设被提出来进行审查、挑战和重新考虑，从而为进一步学习开辟了空间。因此我们认为教师研究组是作为教师学习的场所存在的。[④]

瑞施尔（Reischl）等的研究跳出大学和学校的二元分割，建议在学校和大学的伙伴关系中促进教师学习。他们基于密歇根大学和两所学校的伙伴关系（项目自 2010 年起）做了研究。研究发现，学校—大学之间的伙伴关系对于增进在职和职前教师的学习都是很有帮助的。他们把教师教育的

---

① Freeman D., Johnson K. E. Reconceptualizing the knowledge-base of language teacher education[J]. *TESOL quarterly*, 1998, 32（3）：397-417.

② 张倩，李子建. 论教师的养成——以"学为人师"为视角 [J]. 教育学报，2016，12（06）：32-39.

③ McDevitt S. E., Kurihara M. Bridging Funds of Knowledge in Learning to Teach：The Story of a Japanese Pre-service Teacher's Authentic Teaching Practicum Experience[J]. *Journal of Thought*, 2017, 51（3-4）：38-51.

④ Peercy M. M., Martin-Beltrán M., Silverman R. D., et al. Curricular design and implementation as a site of teacher expertise and learning[J]. *Teachers and Teaching*, 2015, 21（7）：867-893.

核心从大学课程的学习转化为中小学内仔细构建、良好监管的临床实践经验，在大学—学校的伙伴关系和学校改进中增进教师的学习。研究提出了支撑伙伴关系工作的三个工具：一是学校改进计划；二是高层次的教学实践；三是伙伴活动设计原则。他们的目标是通过利用各方带来的智慧进行"民主化"学校改进，这些智慧包括：经验丰富的教师和管理人员的知识、教师教育工作者的研究专长和经验、有抱负的教师的知识、父母和社区成员的知识。[1]

六、教师学习的产出和结果

巴克内斯（Bakkenes）等指出教师学习的产出包括各种各样的教学实践、对于教与学的信念、行为上的意图以及情感状态。[2] 有研究指出教师学习的结果体现在教师话语的变化中。[3]

霍克斯特拉（Hoekstra）等研究了经验丰富教师的非正式学习中，学习活动和行为、认知变化之间的关系。研究发现，观察到的行为变化与学习活动之间几乎没有关系。概念的变化似乎与获得新想法、试验新方法以及反思为什么某些教学方法似乎有效而其他教学方法没有效果等学习活动相关。[4]

---

[1] Reischl C. H., Khasnabis D., Karr K. Cultivating a school-university partnership for teacher learning[J]. *Phi Delta Kappan*, 2017, 98（8）：48-53.

[2] Bakkenes I., Vermunt J. D., Wubbels T. Teacher learning in the context of educational innovation: Learning activities and learning outcomes of experienced teachers[J]. *Learning and instruction*, 2010, 20（6）：533-548.

[3] İlhan E G Ç, Erbaş A K. Tracing Teacher Learning through Shifts in Discourses: The Case of a Mathematics Teacher[J]. *Eurasia Journal of Mathematics*, *Science and Technology Education*, 2017, 13（6）：1919-1942.

[4] Hoekstra A., Brekelmans M., Beijaard D., et al. Experienced teachers' informal learning: Learning activities and changes in behavior and cognition[J]. *Teaching and teacher education*, 2009, 25（5）：663-673.

多彭伯格（Doppenberg）等绘制了教师合作学习产出图表[1]。

表 3-1　教师合作学习产出

类别	亚类	描述
个体学习产出	识别	对问题和确定观念的识别
	意识	（自我）意识增强
	观点	新观点
	知识	新知识
	模型变化	模型的变化（概念或信念）
小组学习产出	对同事的知识	对同事知识、观点和教学方法的知识
	共享知识	同事拥有共享的知识
	共享目标	同事拥有共享的目标和愿景
	共享责任	同事对共享责任有所感觉
	文化改进	学校文化的改进
	教育改进	学校教育的改进（教师使用更好的并且相同的教学方法）

七、不同职业生涯阶段的教师学习

不同职业生涯阶段的教师学习有无不同？三项研究支持新手教师和经验丰富教师学习形式不同。格罗斯曼（Grosemans）等发现新手和经验丰富教师采用不同的学习活动形式进行学习。[2] 洛乌斯（Louws）等的研究也发现，不同职业生涯阶段教师所偏爱的教师学习方式不同。与职业中后期教师相比，职业早期教师更加偏爱通过实验发展教学技能。而通过培训以

---

① Doppenberg J. J., Bakx A W E A, Brok P. J. Collaborative teacher learning in different primary school settings[J]. *Teachers and Teaching*, 2012, 18（5）: 547–566.
② Grosemans I., Boon A., Verclairen C., et al. Informal learning of primary school teachers: Considering the role of teaching experience and school culture[J]. *Teaching and Teacher Education*, 2015, 47: 151–161.

及保持入时（keep up-to-date）这两种途径学习，比如查阅专业文献和参加研讨会，并不随多年的教学经验而变化。[①] 这与里克特（Richter）等人的研究相矛盾，他们的研究发现，经验丰富的教师被发现花更多的时间阅读专业文献，但参加的在职培训比没有经验的同事少[②]。

维尔穆恩特（Vermunt）等人研究了师范生和经验教师两个不同职业生涯阶段教师的学习模式。从两个群体的研究中得出的一个重要发现是，在许多研究中发现的在师范生学习中非常理想的学习方式——规划的、分阶段的调控个体学习，在经验教师的学习中并不常见。[③] 范·伊克伦（Van Eekelen）等人发现，在经验丰富的教师中，大多数学习都是无计划的[④]。

以上研究都证实了不同职业生涯阶段教师学习的不同。不过，肯特（Kyndt）等考察了教师的日常非正式学习，发现"初学者和经验丰富的教师之间的主要区别不在于他们所从事的学习活动的类型，而在于他们对学习的态度，学习成果以及他们如何受到他们的背景的影响"。[⑤]

结　语

本章，我们建构了包括教师学习的影响因素、过程、方式与途径、模式、场所和环境、产出和结果等要素在内的教师学习规律概念框架。从这

① Louws M. L., Meirink J. A., Van Veen K., et al. Teachers' self-directed learning and teaching experience: What, how, and why teachers want to learn[J]. *Teaching and teacher education*, 2017, 66: 171–183.

② Richter D., Kunter M., Klusmann U., et al. Professional development across the teaching career: Teachers' uptake of formal and informal learning opportunities[J]. *Teaching and teacher education*, 2011, 27（1）: 116–126.

③ Vermunt J. D., Endedijk M. D. Patterns in teacher learning in different phases of the professional career[J]. *Learning and individual differences*, 2011, 21（3）: 294–302.

④ Eekelen I M V, Boshuizen H P A, Vermunt J D. Self-regulation in higher education teacher learning[J]. *Higher education*, 2005, 50（3）: 447–471.

⑤ Kyndt E., Gijbels D., Grosemans I., et al. Teachers' everyday professional development: Mapping informal learning activities, antecedents, and learning outcomes[J]. *Review of educational research*, 2016, 86（4）: 1111–1150.

六个方面分别阐述了近十年来教师学习发生与实现机制领域的研究成果。同时，因为不同职业生涯阶段教师的学习受到研究者的关注，因此我们也把这一部分单独列出，形成本章的第七个部分。综合已有研究，我们至少可以得出如下结论：第一，教师学习处在一个并不单纯的环境中，受到个体、组织、教师学习项目等多种因素的影响。其中，教师信念、组织支持和教师情绪对教师学习的参与度、学习方式等有明显影响。第二，教师学习是一个复杂的过程，这一过程涉及教师认知、意识、情感、行为等方面的变化。第三，不同职业生涯阶段教师学习的方式与途径有所不同，教师教育者应据此有区别地设计教师学习项目。第四，教师的日常非正式学习和正式学习同等重要。第五，教师学习的环境不仅指物理环境，还包括文化环境和心理环境。

教师学习是如何发生的？教师都是怎样学习的？怎样的学习对教师更有效？这些问题是当我们谈教师学习时最关心的问题。已有研究在一定范围内回答了这些问题，很多研究者通过实证方法验证了某些教师学习方式的有效性。相对于 15 年前教师学习所面对的问题"存在各种各样的方法，但几乎没有任何经验证据可以证明它们在改善教师学习过程和结果方面的有效性"[1]，最近十年的研究已经有了长足的进步。

不过，教师学习作为一个复杂的领域，还有很多方面亟待我们的研究和思考，比如：目前对教师学习的认识论框架多是建构主义的，能不能更多从其他方面解释和促进教师学习？目前教师学习的认知仍囿于教师—学校的逻辑，但这个逻辑的解释能力却有限，能不能跳出这个逻辑，在更宽阔的背景中认识教师学习？教师作为一个专业人的身份受到关注，但教师作为一个生活中的人的角色对教师学习有什么影响？促进教师学习，关键在哪里？

庆幸的是，已有研究者认识到了教师学习研究与实践的现有问题，提出了许多颇有洞见的观点。比如泽兹纳（Zeichner）指出，视学术知识为

---

[1] Grossman P. Research on pedagogical approaches in teacher education// Cochran-Smith M. & Zeichner K. M.（Eds.）, *Studying teacher education-The report of the AERA panel on research and teacher education*[M]. Mahwah, NJ: Erlbaum, 2005: 425-476.

教学知识权威来源的大学教师教育旧范式，需要变革为学术、实践和社区专业知识之间存在非等级相互作用的新认识论。这种新的教师教育认识论将为未来的教师创造更多的学习机会。[1] 韦伯斯特·赖特（Webster-Wright）指出，"许多专业发展实践仍然专注于提供内容而不是增强学习"，提出了教师专业发展另一种概念——学习而不是发展，整体论而不是原子论，主张"将话语和重点从提供和评估专业发展计划转变为理解和支持真实的专业学习"[2]。在科学领域，"神经科学家开始了解学习的大脑机制以及感知和行动的共享大脑系统如何支持社会学习。人们也正在开发机器学习算法，允许机器人和计算机自主学习。来自许多不同领域的新见解正在融合，以创造一种可能改变教育实践的新的学习科学"。[3] 这些都为我们更深入地了解教师学习规律，更好地推动教师学习提供了更多的可能。

[1] Zeichner K. Rethinking the connections between campus courses and field experiences in college-and university-based teacher education[J]. *Journal of teacher education*, 2010, 61（1-2）: 89-99.

[2] Webster-Wright A. Reframing professional development through understanding authentic professional learning[J]. *Review of educational research*, 2009, 79（2）: 702-739.

[3] Meltzoff A. N., Kuhl P. K., Movellan J., et al. Foundations for a new science of learning[J]. *Science*, 2009, 325（5938）: 284-288.

第四章　影响教师学习的关键因素

刘胡权

引　言

对学习影响因素的研究是学习研究经久不衰的课题。教师学习的影响因素是指驱动和阻碍教师学习的因素。阿瓦洛斯（Avalos，2011）针对过去十年教师专业发展方面的文献综述指出，"教师学习和发展是一个复杂的过程，它汇集了许多不同的要素""而且，在这个过程的中心，教师同时是学习和发展的主体和客体"。[①]

影响教师学习的因素可以归结为客观上存在不利因素和教师自身主观上的信念认识。从客观上来说，学习资料欠缺、培训本身的形式和内容不具有吸引力等是教师学习问题产生的重要原因；从主观上来说，教师自身的职业态度、学习态度、学习能力、个人兴趣等是教师学习问题产生的根本原因。客观存在的学习环境和主观方面的因素共同决定了一个人的行为。

王钰莹（2009）在《成人学习心理障碍归因及对策分析》中提出，阻碍成人学习的心理因素来源于主客观两个方面，其中主观因素指缘于成人对自我的错误认识，包括学习态度不正确、自信心普遍不足以及学习需求

---

① 　Avalos，B.（2011）. Teacher Professional Development in Teaching and teacher education over ten years[J]. *Teaching and Teacher Education*，27，10–20.

与动机不切合实际。李传银等人（2006）在《成人学习障碍归因及调控策略研究》中提出，从个体的角度归因分析，成人可能会产生以下六个方面的学习障碍：生理障碍、意向障碍、情感障碍、经验的负面影响以及学法障碍。研究发现，感觉教学上力不从心、感到不断学习才能更好地应对变化提高工作效能、满足学生成长的需要、解决实践中遇到的困惑和挫折、促进自我提高、力求更多发展机会、赢得领导和同事的肯定、不落人后、维持自尊、评职晋升、避免淘汰等动机，想不断挑战自我现状、不断改进教学、积极适应教育改革要求的态度，对社会对教师的高期望和高要求、工作繁重、同事之间竞争的感受等，都是影响教师学习的因素。有研究者认为，自我效能感、动机目标、主动性人格、社会期望、学校事务、竞争压力是教师学习的主要影响因素，其中，自我效能感、动机目标、主动性人格属于个人内部因素，社会期望、学校事务、竞争压力属于外部因素。[①]国外的研究促进教师学习从外部保障转向对教师信念、学习意愿等内部因素的探讨，我国还主要停留在对教师学习的外部保障机制上。

总之，对于教师学习的影响因素，国内外学者多是基于班杜拉的社会认知学习理论来研究的。班杜拉认为学习是个人、环境和行为三大因素共同影响的，并且三大因素是互为因果的交互影响，是一个不断循环的过程，在这里环境和个人就是行为的影响因素。环境有社会环境和物质环境，是外在的。个人则指个体自身对环境和行为的调节和控制，个人是主体因素，是内在的，班杜拉用自我效能感来强调个人的主体因素。但是，个人的主体因素不只是自我效能感所能涵盖的，其中也有教师个人的非智力因素，如教师的成就动机、求知欲望，教师个人的自制力、自信心、自尊心、意志力等，并且自我效能感也应该是非智力因素之一。[②]

---

① 张敏.教师自主学习调节模式及其机制 [D].浙江大学博士学位论文，2008：36–37.
② 陈秀娟.关于教师学习的文献综述 [J].西北成人教育学院学报，2014（5）：52.

一、作为成人的教师学习

　　成人学习是一个涉及心理、教育、文化、社会、政治、经济等诸多因素的复杂问题，这是由"成人"这个学习主体的复杂性所决定的。因为"成人"是异质化、多维度的存在，即无论从年龄、性别、生理、心理等个体特征来看，还是从所从事的职业、行业、所属社会经济基层、所扮演的社会角色等社会特征来看，成人学习者个体乃至群体相互之间的差异都是客观、多维的。各种类型和各种层次的成人学习规划及实施，都应该尽可能从成人个体性存在和社会性存在的实际情况出发。有研究者认为，"成人学习"分为"指导性学习"和"自学"两大类。按照成人学习与职业或就业的关系，"成人学习"又可分为"以职业为目的的学习"和"非职业目的的学习"。在一定意义上说，"指导性学习"和"自学"，以及"以职业为目的的学习"和"非职业目的的学习"，共同构成了与成人工作、职业和社会生活紧密相连的"学习图景"。①

　　成人心理学开始于 1928 年教育心理学之父桑代克（Thorndike）的《成人的学习》，继桑代克后，很多的学者研究成人心理，取得的成果包含两个重要的方面：第一，人是不断发展的，成人的学习能力也是发展的，但成人学习具有与儿童和少年不同的特点；第二，成人的学习能力跟人的主观能动性联系紧密，不受年龄的影响，不会随年龄的增长而下降。诺丁斯（Noddings）认为，成人学习者的特点有：第一，成人是社会化的人，具有一定的社会经验，并掌握了一些社会资源；第二，成人的个性独特且独立；第三，成人的社会角色影响着成人的学习。成人学习理论有助于中小学教师了解自己的特点，有助于培训机构优化其课程设置。

　　成人学习的基本特征是：第一，学习自主性强。一般来说，成人是已趋于成熟的个体，在学习上具有较强的独立性和自主性。他们会根据已有

---

① 何光全.我国成人学习基本状况调查[J].现代远程教育研究，2013（6）：59.

的知识经验、职业性质、工作需求、兴趣爱好自主地选择学习内容，并根据自己的实际情况来选择适合自己的学习方式。第二，学习动机多元化。成人学习的动机深受其生活环境的影响和制约，与年龄、教育程度、职业水准、收入、性别、婚姻状况以及居住地区等因素密切相关，因此成人学习动机具有多元化的特点。第三，学习受客观因素影响。作为社会工作者和家庭承担者角色的成人，在学习时有时显得力不从心。如学习时间难以安排、学习精力有限、社交活动繁多等客观因素都极大地影响着成人的学习。第四，参与教学决策。成人学习者希望与教师共同承担教学责任。他们希望能够和教师一起评估学习的需要和目标、选择教学活动以及决定如何评估学习。①

成人的学习行为是一个具有多方面影响因素的社会性行为。成人的学习行为并不是一个单纯的学习问题。成人的学习活动内涵有着许多错综复杂、相互影响的因素。成人选择学习行为，首先出于一种改变生活状态和提高自己生活质量的动机。他们希望通过参加成人的学习活动来提高自己、充实自己、增长才干，并使自己的生活更有意义。同时，成人的学习活动在客观上也能够实现提高自己的文凭和学历，并满足社会对人才的学历方面的要求。而成人的学习活动，受自身生活状态、学习能力、教师及教育环境等方面的影响。因此，成人的学习行为是一种复杂的、多因素性的社会性的学习行为。探讨成人学习行为背后的相关因素，将使我们清晰地对成人的学习行为进行有效的反应，并提高成人的学习行为的有效性。

有研究者对成人学习进行定量研究发现，影响成人学习行为的较为重要的几种因素有：学习方法、学习时间、学习兴趣、学习能力以及教师的教学质量。学习方法与学习时间是成人自身学习能力的不同方面的反映，学习能力较强者，会相应地有较多的学习方法，他们会利用时间，并能用较少的学习时间完成较多的学习任务。而学习兴趣，包含着更多的动机因

---

① 黄翠银，梁玉玫.Google Calendar 在成人学习时间管理中的应用 [J]. 继续教育研究，2009（7）：152.

素、意志力等学习中的非智力因素，在维系成人的学习活动中起着重要作用。教师的素质问题在成人的学习活动中也是一个非常关键的因素。那些在教学中能够理论联系实际、用更多的案例进行教学、讲解深入浅出、产生风趣幽默的课堂效果的教师，是受成人学员较为欢迎的成人教育教师。教师的良好素质是提高成人教育教学质量的重要因素，好的教师，能够使成人学员有更多的学习收获。[①]

学习动机与学习兴趣之间并不是相互协调发展的。有较强烈的学习动机并不说明有较高的学习兴趣，甚至，还会出现学习动机越强，学习兴趣越低的现象。这说明，学习兴趣是需要培养和发展的，学习动机不能代替学习行为与学习兴趣。在成人的学习活动中，成人教育工作者的首要任务是使成人掌握适当的学习方法、提高学习兴趣，使其学习行为变成自觉的、可持续性的学习行为方式。

就外在因素而言，主要有如下因素：

（1）梅里安（Merian）认为，环境障碍与学习者的外在学习条件有关。纪军认为成人学习的环境障碍与成人的生活环境和社会环境相关。除此，雷丹认为情境障碍还与学习者周边人的文化水平和学习氛围有关。瓦伦丁（Valentine）分析，工作是男性学习者的主要环境障碍，而家庭是女性学习者的主要环境障碍。

（2）中小学教师普遍存在工作量过重的现象，经常可见三四个老师包班的情况，他们如果参加了培训，那么因学习培训落下的课程也会用其他的休息时间补上，这就使其更加劳累而不堪重负。一位班主任教师列出了上班期间 100 余件事情来说明自己没有时间参加职后培训。培训时间不充裕，很容易造成中小学教师在参加培训时态度消极甚至放弃参与培训。还有一些中小学师资数量不足，教师极难有专门的时间去参加培训，工学矛盾十分突出。这些都表明有关的教育行政机构和教师所在学校还没有真正

---

① 李俊.成人学习研究——成人元认知能力的研究及成人元认知能力相关因素的研究报告 [J].河北师范大学学报（教育科学版），2005（4）：93.

做到以教师及教师的发展为本。因此，在成人参加学习的过程中，过重的学习负担与家务负担，均会影响成人的学习行为与成人自己对其生活状态的评价。因此，在我们的成人教育活动中，尽量地减轻成人的学习时间与学习负担，使成人在参加学习活动中感到轻松、愉快和有所收获，是成人教育应该采取的教学方式。

（3）中小学教师具有多重角色。在平时的教育教学工作中，中小学教师还必须要做好与学生、与同行、与学校、与家长、与社会等多方面的沟通工作，工作任务十分繁琐。其次，中小学教师在家是儿女，是父母，承担着多种家庭责任与义务。

（4）终身教育和建设学习型社会观念还未真正深入人心。在传统观念中，学习仅是未成年人在学校接受的全日制教育，在终身教育思想已盛行的今天，还有大部分人难以摆脱这种传统观念的制约，他们认为教师既然已经走上了工作岗位，而且从事"教"这样的工作，就已经学有所成，无需学习了。中小学教师的教学对象是一群稚嫩的学生，用已有的知识和经验就能教好，更加不用学习，参加培训根本没意义，访谈中不少教师都表露出了这种观念。加上现今社会对金钱的崇拜，利益的权衡，建设学习型社会的理念还没有完全深入人心，而教师的社会地位不够高，经济收入偏低，体现在中小学教师身上更为明显，导致社会上尊师重教风气比较淡漠。

如果教师了解成人发展的规律，遵循这些规律就会对学习培训起到积极的作用。人的发展具有不平衡性，同一方面的发展速度在不同的年龄阶段是不平衡的。青少年敏捷的思维力、丰富的想象力、惊人的记忆力固然可以促进他们的学习，但相比青少年，成人抽象思维能力、独立思考能力、应变能力、为人处世能力同样占优势。成人学习能力的增长不会由于生理成熟而终结；成人学习的能力并不伴随年龄的增长而明显下降。因此，中小学教师不能把学习失败归于生理原因。成人发挥主观能动性，努力地学、不断地学，学习的能力也会提高。中小学教师也是一样，认识到了成人学习的特点后，发挥自己的主观能动性，树立学习信心，那么在学习培训中的心理障碍也就迎刃而解了。因此，中小学教师应该理性归因，在职后培训中要客观评估自己的学习能力和努力程度，看到自身哪些方面努力不足，不把成绩不理想归于能力欠缺。另外，中小学教师要客观评价培训课程的难度与课程的科学性，同样不要把学习成绩不理想归于自身能力的原因，从而提高信心。在归因的因素中，只有努力是内在的不稳定的可控制的因素，如果中小学教师把成功归因于努力，在接下来的学习培训中就会延续这样的努力；当中小学教师把失败归因于努力时，在接下来的学习培训中就会倍加努力来证明自己。因此，中小学教师在进行归因时，把成败归因于努力能对职后培训起到积极的作用。

（一）内在影响因素

意识是人的大脑对于客观物质世界的反映，是感知觉、思维等各种心理过程的总和。成人学员的学习意识内容复杂多样，并具有个体差异和阶段差异，包括自我认识、自我情感和自我反思。处于终身学习和学习型社会大背景下的成人学员逐渐抽出时间进行学习，掌握与时俱进的知识，丰富自己的生活，提高人生质量。学历对自身影响不大，他们学习主要是为了解决工作中的实际问题。这样的学习意识，就会促使他们积极上课，并且下课后会就自己工作中遇到的问题积极向老师请教。个体的意识对他们的知识、技能、思想价值观念产生直接影响，是个体社会化程度的重要依据。[1]

学习动机作为非智力因素的核心部分，直接影响和牵制着其他非智力因素作用的发挥。成人学员片段学习的动机很强，也有一部分是为了适应新的环境，完成生活中的过渡，而把学习当作过去生活的结束和新生活开始的重要手段。成人的片段学习是以"问题"为本位的，学习目的是解决生活、工作中的难题，学以致用。男性成人学员片段学习的动机取向倾向于工作进展、外界期望及社会服务；女性成人学员片段学习的动机则倾向

---

① 林瑞华.普通高校成人学员片段学习研究—以 H 大学为例 [D]. 河北大学硕士学位论文，2015：27-28.

于文凭、兴趣与社会交往。

成人学员与青少年学生相比，具有更为独立的自我概念和更强的学习意识，具有更多的工作和生活经验，他们更注重学习的现时性，希望所学知识能快速而有效地应用到实际工作和生活中去。调查发现，成人学员的自身因素主要包括学习动机和学习兴趣。

学习动机是在一定的学习需求基础上直接推动成人学员进行学习的内部动力，是成人学员进行学习的动力源泉，对他们能否成功进行学习起着关键性的作用。因此，激发成人学员的学习动机，使其保持良好的学习状态，对成人学员学习具有不可或缺的作用。成人学员学习动机的激发有两个条件，一是内在条件，即学习需要。二是外在条件，也称学习诱因，是指来自外部环境并满足成人学员学习需要的外在刺激。内部的学习需要和外部的学习诱因，都能激发成人学员的学习动机。外部的学习诱因能够转化为内在的学习需要，并进一步使成人学员产生学习动机。马斯洛（Maslow）的需要层次理论认为，成人学员的学习动机就是自我实现需要的具体实现，自我实现是一种"希望能成就他独特性的自我欲望"，它是通过成就感和胜任感来满足的。诺尔斯也认为成人学员的学习是自我发展，是高度个人化的。这两种理论充分强调了成人学员学习动机的自觉性、独立性。对成人学员而言，利用空闲时间进行片段学习需要的学习动机相对较强。作为学习的主体，成人学员在学习动机方面存在个体差异，这会在一定程度上影响他们的学习。就学习动机而言，如果成人学员有强烈的学习需求，对自我提升有积极的规划，则在学习行动的具体落实上会更加有效。

兴趣是个体力求认识某种事物或从事某项活动的心理倾向。相关调查结果表明，学习兴趣对于成人学员学习活动、提高学习效果具有显著作用。因此，分析成人学员学习兴趣的影响因素，对于培养和激发成人学员学习兴趣具有极其重要的作用。"兴趣是最好的老师"，对于成人学员而言，他们肩负着来自家庭和工作的责任，利用较少的空余时间进行学习，其中影响较大的因素在于成人学员对所学内容感兴趣，兴趣唤起了他们迫切的求知欲，促进他们主动、自发地进行学习。成人学员在学习兴趣方面存在个体差异，这会在一定程度上影响他们的学习。就兴趣而言，如果成人学员具有积极主动的学习心态，则有利于促进他们的学习。

（二）外在影响因素

教师教育机构的教学情况是影响中小学教师学习的重要因素。其中教师的教学内容、教学方式等都与教师学习有一定的关联。就教学内容而言，教师教育机构的课程理论性较高，缺乏针对性和活力，教学内容与中小学教师的实际生活脱节，开设的教学内容没有考虑到学员内心的真正需要，缺少实用性和针对性，这使学员兴趣不高、上课积极性不强，影响学习的效果。另一方面，教学方式单一，灵活性不高，多是传统的讲授式和灌输式，不能充分调动学员学习的积极性，无法让学员全身心地听课。教师与学员课后交流的很少，未能充分了解学员的学习情况，在一定程度上也影响了学员学习的热情和学习效果。教师的教学方式若能做到循循善诱，并提供适当的辅导，则会使学员在学习过程中获得成功的经验。就教师教育机构而言，能否最大限度地为学员提供知识技能的学习便利是其价值所在。近年来我国教师教育机构的快速发展，大大拓宽了学员的学习途径和方式。但值得注意的是，由于教学内容和方式等存在不合理现象，使得学员逐渐丧失了对学习的热情。

教师作为成人，其学习是片段的、非连续的。工作占据了他们生活的大部分时间，如果工作环境学习氛围浓厚，单位领导支持学习，他们学习的积极性就会很高，也会带动单位其他成员一起学习。然而现实生活中，学员学习工作场所方面的制约因素主要表现在以下两个方面。其一，工作方面的压力。对于学员来说，工作压力大、工作不稳定、工作时间长、工作劳动强度大等导致他们没有多余的空闲时间进行学习，另外工作地点距离学校较远也可能影响学习的积极性和主动性。有的学员可能由于转换工作而花费大部分时间和精力寻找适合的工作，或者因为工作的变动需要一个适应期等，这些都会影响学员学习的展开。如果学习时间安排不理想，工作压力大，那么学员就不愿意利用空余时间进行学习。其二，领导是否支持。当个体步入成人阶段后，工作环境成为影响其学习的重要环境，这种环境下的学习氛围对学员的学习状况具有直接的影响。随着科技和信息的进一步发展，工作场所越来越成为学员学习的地点，这就要求学校领导对他们的学习引起重视。成人学员的工作性质、职业环境中的学习氛围以及工学矛盾都是他们学习过程中的重要影响因素。一方面，岗位变换直接导致学员面临新的工作任务，在新的职场角色赋予的责任和义务的要求下，他们产生了学习的动力。另一方面，工作环境中的学习氛围对学员学习也有重要的影响。

美国著名的成人教育学家达肯沃德（Dakenward）和梅里安（Merian）在其著作《成人教育——实践的基础》中指出："成人就是这样一个人，他已经离开了全日制学生的责任（童年和青年的主要社会责任）而承担了劳动者、配偶或父母的责任。"成人的特性反映出他们角色的多元化，这种多元化角色决定了成人不得不承担来自家庭的各种责任和义务。成人学员不同于其他青少年学生的一个显著特点是他们更多地要受到家庭因素的影响。中小学教师作为成人，大多数已经组建了家庭，他们处在这样一个特定的阶段，就是要对家庭成员尽更多的义务，同时也担负更多的责任。家庭作为一个能动的要素使得教师不可能像普通教育的青少年学生那样专心致志地投入到学习中，家庭、家人的情况总是教师学习需要考虑的因素。因此，家庭作为成人学员学习的主要保障和制约因素，其方方面面都会直接影响成人学员学习的成效。所以对成人学员来说，能否恰当处理好家庭及家庭成员的关系，在很大程度上影响着成人学员学习的进行。具体而言，家庭方面的影响因素主要表现在两个方面：其一，家人的支持。成人学员的心智已经成熟，加上具有丰富且多样化的经验，他们通过学习不断完成自我实现，作为家人充分做好后勤工作，给予成人学员物质和精神上的支持显得尤其必要。其二，和谐的家庭关系。平静、稳定的家庭生活和人际关系，好学上进的家教传统，都能促使成人学员全身心地投入到片段学习中去。

二、教师的话语体系与思维方式

西方语言学中"话语"对应的英文为 discourse，而在我国现代汉语中"话语"一词最初并不存在，随后从西方语言学中引用过来才得以应用。20世纪以后，"话语"的应用领域不断广泛起来，逐渐从语言学领域扩展到政治学、社会学、哲学、教育学等领域，但"话语"一词在学术界尚未得到明确的界定。不同领域的学者从不同的视角对"话语"进行了解读：从语言学视角来看，话语是语言的运用，即一种言语行为；从社会学角度来看，话语是在社会实践活动中的具体应用，本质上是口头或书面语言的运用；在哲学领域中，福柯给"话语"赋予了政治学含义，他认为话语是一种权力关系，它建立了人的主观目的、表达、知识以及权力的关系。有研究者搜集了从 1994 年以来的全国中文期刊（包括中国期刊全文数据库和中国博士、硕士学位论文全文数据库）的所有关于话语的文章，梳理后发现：语言学研究范畴居多；研究教师话语权问题居多；以课堂教学场域为视阈的话语研究居多。

综上，话语在不同领域中的内涵有所不同。相应地，对教师话语的定义也各有不同，在语言学视角中，教师话语是指教师在教学实践中所运用的各类话语的总和；从内涵机制来看，教师话语即在一定国家、社会、文化等背景下，决定教师应该说什么以及如何说的潜在的制约机制。因此，一般来说，教师话语即在一定国家、社会、文化等背景下，教师在教育活动中对教育实践、话题、问题等的思考、态度、意见及建议的总和。①

（一）教师话语体系及思维方式的特殊性

话语是实现价值的最重要工具，正是通过话语表达使思想交流、知识流动、智慧生成得以实现，因此，教师话语体系的特殊性就成为研究教师学习的应有之意。

---

① 玉萍，李洪修.教师话语权的困境及其重塑 [J].当代教育科学，2018（7）：61.

话语本身是知识的象征和载体，教师的话语不同一般的话语，它承载的是对系统知识的解读与传播，是经过精心准备和设计的，具有专业性、发展性、多元性、建构性、准确性、丰富性和教育性。通过教师话语知识得以传播，智慧得以生成。教师话语由于教育环境、途径的变化，需要教师不断丰富、准确、清晰、公正、科学地从书面话语到口头话语再到意境话语进行表达，不断地寻求自我话语表达的风格与特点，形成富有个性的语言环境，通过话语干练、简洁、清晰地把认知、思想、方法传递给学生。①

教师话语体系是教师在一定的教育政策范围内经过长期的教育实践而形成的。这种话语有其自身的话语规则和逻辑体系，区别于专家学者所掌握的学术性话语体系。有研究者认为，中小学教师能够创造性地解决教育教学中的实际问题，并把这种特长提炼出新概念和程序性知识。中小学教师在情感、动机、心理（认知或知识结构）、能力和行为方面，都有独特的表现，他们的核心特征是"理论实践化、实践理论化"的双向思维方式。理论实践化，是演绎的思维方式，而实践理论化，是归纳的思维方式。理论实践化遵循如下步骤：首先，学习、理解、内化理论。具体来说，就是回答三个问题——是什么，为什么，如何做。能以自己的语言用新学的理论回答出这三个问题，基本上就实现了理论内化。只有实现了理论内化，才可以将理论有效地应用于实践中。然后，将理论纳入教育教学活动设计、实施设计、评估与反思。实践理论化遵循如下步骤：首先，开展教育实践，然后，反思教育实践，形成案例，提炼出概念和程序，最后形成理论。在实践理论化的过程中，需要有强大的理论建构能力。因此，理论实践化和实践理论化将相互交替进行。演绎思维与归纳思维不断转换，推动一个教师从新教师成长为经验型、研究型、专家型教师甚至教育家。②

豪斯（Houser）与凯瑟（Cather）指出："教师和研究人员是两种不同

---

① 张定强，王旭阳.当代教师的价值诉求与话语表达 [J].当代教育与文化，2016（2）：84.
② 闫慧，刘蓝蔚.如何形成专家型教师思维方式 [J].北京教育·普教，2018（9）：65—66.

的身份，教师只是科学控制的一般对象，也正是由于身份不同，形成了高度层级化的教育体系。事实上，教师往往被置于无权的地位，他们只能被迫服从领导者、学者以及教材编撰者的指导，甚至还要听取大学教师们的指导建议，而教师自己的意见却不被重视，往往被忽略，从而导致其自身的形象毫无专业意义。"[①]这导致了教师的"被动失声"。比如，与一线教师相比，大学教授或学科专家拥有的资源较为丰富，同时，课程标准往往也是由学科专家或教授在国家行政的主导下制定出来，并经由行政确认之后颁布。在这种境遇下，教师的话语往往屈从于专家、学者们的理性话语，他们自觉地放弃自己的话语权力，把自己的话语权置于一定的框架之中，盲目地追随理性话语和权威话语。教育专家和学者们往往也理所当然地把教育研究看成是自己的责任。他们开发、设计、制定各种课程和评价体系，制造各种话语，之后传达给教师，从而形成了"研究—开发—传播—运用"的话语模式。[②] 久而久之，人们习惯把教育研究当作教育专家、学者们的责任，而教师自然而然地也就被排除在教育研究领域之外，只能被动地接受专家、学者们针对各种教育问题所提出的质疑和解决方案。专家、学者们一起开发和设计课程、编写教材，而作为从事实践的教师并没有参与到课程的开发和教材的编写之中，他们只是按照专家、学者们设计的课程，使用现成的教材进行教学。专家、学者们甚至还编写教学大纲、教学参考书指导教师如何教学，而教师是否把教材上的内容讲得更具体、更准确则成为对教师评价的标准。"他们几乎没有机会参与到教学决策的讨论中，并且只是一味地向为他们提供方法的人表示感谢，然而教师并没有想过这些方法是否真的适用"，[③] 即使教师在实践的过程中发现一些不可行的

---

① 胡福贞 . 论教师的个人话语权 [J]. 教育研究与实验，2002（3）：17-22.

② Guan，Y. J.，Deng，H.，Sun，J. Q.，Wang，Y. N.，Cai，Z. J.，Ye，L. H.，Fu，R. C. Y.，Wang，Y.，Zhang，S.，& Li，Y.H. Careera daptability，job search self –efficacy and outcomes：A three-wave investigation among Chinese university graduates [J]. *Journal of Vocational Behavior*，2013，（3）：5-12.

③ Shulamn，L. Those Who Understand：Knowledge Growth in Teaching[J]. *Educational Researcher*，1986，（2）：15.

内容，他们也无法根据自己的实践经验提出相应的意见及建议，而只能等待专家、学者们自己去发现和更新。因此，在课堂教学中，"教师往往被视为科学控制的一般对象，他们往往被置于权力的最底层，因此他们的话语往往被忽视"。[1] 而在教育研究领域中，他们也无法与从事理论研究的专家、学者们进行平等的对话，他们之间是一种指导与被指导、控制与被控制的关系。[2]

（二）教师话语体系的遮蔽

由于话语权利的有限和被控制性，教师习惯了按规定传递知识文本，却失去了反思、批判、创新的权力、意识和能力。他们往往只是通过课堂教学对学生言行的控制来显示自己的地位，在知识的传授中来强化自己的"权威"。传统教育对教师的角色定位在"桥梁"与"媒介"上，这很容易造成教师的"精神失语"。教师很容易习惯以他人、外界的方式来证明自己职业的合理性和自身存在的价值，在教育的话语世界里丧失了本应该受到重视的个人话语权利，并接受这并不正常也不应该的冷漠和忽视。不同的话语系统在教育世界拥有的权力和地位是不一样的。在现实的教师专业发展过程中，教师的自主权相当有限，个人话语权并没有获得应有的地位，它们受控制、被淹没、遭冷遇，甚至被教师自觉自愿地放弃。

这种个体话语的失落通常体现在两方面。在职业活动中，教师的话语权是被赋予、受控制的，教师的个人话语权依附于制度性权力，基本上被权势话语所覆盖。另一方面体现在教育研究领域，在这里，专家学者由于尊崇理性的历史文化传统和在文化资源配置中所占有的优先地位，把持着教育话语权。他们把教师置放在客体的位置上进行观察、研究、阐释和说明，并对教师进行着专业规定，教师的主体性被忽视，个人话语被理性话语遮蔽和淹没。正是由于制度权力和理性权威的双重压力，教师在教育话语世界丧失了实际上本应该受到重视的个人话语权，并且逐渐成为一种自

① 瞿葆奎.教育学文集：教育与教育学 [M].北京：人民教育出版社，1993：554.
② 玉萍，李洪修.教师话语权的困境及其重塑 [J].当代教育科学，2018（7）：63.

觉自愿的放弃。

此外，话语冲突凸显（学者的理论话语与教师的实践话语冲突时常发生），造成了教师话语的影响力日渐衰微，教师的发言权减少、话题权缺失，在学术领域以及教学场域自主言说的权利受限。教师个体性话语遮蔽的原因：一是教师个人话语的空间狭小，将教师置放在权力塔的最底层，只是政策的实施者、秩序的服从者、课程的操作者、方法的消费者，教师没有参与决策和管理的权利，从而个人话语权被贬抑。二是教师对知识的过度依附，将客观性知识视为"真理"，放弃了自我的思考与研究。

（三）教师话语体系的回归与重建

当前，教师的话语体系不断得到重视，但仍然存在着外部话语权的压制、教师主体意识丧失、表达方式的错位等困境与误区。教师话语体系的回归与重塑需要行政放权，营造良好的环境；转变话语观念，重塑教师话语体系；合理运用和表达话语体系。教师必须认识到自己是一个有思想的独立个体，具有主体性。教师应该主动认识到自己不仅是一个社会公共意志的传递者、社会价值的传达者，更是一个具有实践知识与经验的研究者；不仅是一个社会法定知识的传声筒，更是一个具有创新能力的知识建构者。就教师自身而言，他们处在一个复杂多变的教学情境中，他们的话语往往代表着教育中存在的最真实的问题以及最迫切的需要，所以其话语是最应该被倾听的。事实上，从事教学实践的教师在教育问题的研究方面最具有发言权，他们从自身的教学实践出发，通过自我观察—自我分析—自我评价的行动过程，不断反思教学实践，进而从中发现问题的所在，这些是专家学者们所欠缺的。

因此，我们要实现个体话语权由"规范性"探究向"存在论"探究的转向，为"反思性实践家"或"熟虑型教师"的发展奠定基础。个体话语权虽然通过自身对外部因素发生作用，但由于其责任权限是以没有任何外在性归属的主体自身生存为基础的，因此必然蕴含"回归"自身存在与关系的生成性思维态势。生存论意义上的教师话语不是技术性的、手段性的、外在性的，而是本真的、目的性的、内在性的；教师拥有表达对教育和人生的态度、对个体进行生命（生存）阐明和张扬的言说权力；拥有沉浸于教育体验之中，以自物的生存方式谛听、理解教育事件的权利；拥有对教育生活的经验进行"思考"和"理解"的主体性存在的权利。在现代性"语义场"的文化循环中，教师通过个体话语权来重建和反思自身职业意识和职业行为，以"介入者"身份在教育生活的"公共话语空间"和"私人话语领域"发挥作用，以"主人"的身份在教育实践层面形成对自身话语"根本"性的自觉创造意识，从而走出制度性和理性话语所笼罩的话语权威阴霾，祛魅个体话语权使用中的形式主义、虚假主义。①

综上所述，"教师话语"作为一个专有名词对教师语言进行研究已有多年。早在 20 世纪 50 年代，西方语言教学界就深入课堂进行观察，并在此基础上系统深入地研究课堂教学。进入 20 世纪 80 年代，随着我国对课堂教学规范性的价值追求以及人们对教师话语于课堂教学重要作用的认识，教师话语很快便成为学者们研究的重要论题。② 纵观所有研究，教师话语系统大致有三个维度：知识话语，即教师的口头语言和书面语言，是教师话语的显性形态；生命话语，即具有语言能力和认知能力的师生在教学中的话语的生成和理解，是教师话语的生成形态；权力话语，即通过对教师话语的研究，考察话语背后语言的使用身份及其制约因素，是教师话语的隐性形态。③ 相关研究基本都是从语言学、哲学、社会学、政治学、历史学和教育学等学科角度研究教师的话语表达，少有从教师话语的特殊性去研究教师学习的规律。因此，目前对教师话语研究的重视程度不够，结合社会学、解释学及哲学视角的话语分析已经成为学术研究的重要方法，并为人文社会学科提供了一个独特的视阈。越来越多的学者已经开始重视并引入这种研究方式。虽然在教育学领域也开始有学者进行这方面的尝试，并

---

① 牛海彬. 批判与重构——教育场域的教师话语研究 [D]. 东北师范大学博士学位论文，2010：184.

② 张晓凤. 我国教师话语研究的发展历程与展望 [J]. 教学与管理，2016（2）：12.

③ 张晓凤. 多维视野中的教师话语研究 [J]. 中小学教师培训，2016（4）：6.

取得了一定的成绩，但是，从话语及其内隐的权力机制入手研究教师教育或教师学习的方式还是没有引起足够的重视。

三、教师学习的时间管理

调查显示，教师学习遇到的困难中，排在首位的是"不善管理时间，时间效率不高"。成人学习在时间上本身就具有复杂性，"学习时间具有零散性、片段性和不确定性，学习状态多处于身心疲惫状态。"另一项研究也认为，成人学习时间难以保证、外界压力过重和自信心不足是成人在学习中遇到的主要困难。有学者对国内外成人学习障碍进行比较研究，结果表明，教学机构时间编排（包括固定的学习时间要求）不合理以及成人学习者自身时间管理能力不足均构成学习障碍。还有调查发现，成人学习者的时间价值感较高，但是时间监控观较低，对于时间管理的行为能力明显偏低。鉴于此，时间管理对成人学习尤为必要，它对于提高成人学习绩效意义重大。①

所谓学习时间管理，是指学习者为了按时完成学习任务或提高学习效率，在学习过程中对学习时间进行合理计划和监控所采取的可行而有效的措施和方法。学习时间管理涉及在学习活动中对时间的有效分配以及学习者对学习时间的态度、计划、调控与效能。时间管理不仅是学习者一项重要的学习策略，同时也是学习者的一种能力。

关于学习者时间管理的研究，近些年在国内逐步得到重视，但研究的重点还存在一些偏向。1996 年至 2010 年关于这一主题的 144 篇文献的分析表明，目前对大学生和中学生的时间管理研究比较多，接近总文献量的80%，而对于小学生、中职生、研究生、远程学习者、成人学习者的时间

---

① 王永辉. 支持远程学习者时间管理的策略——以网络课程"学生支持服务"为例 [J]. 中国远程教育，2012（5）：51.

管理所进行的研究较少，受关注度较低。在对成人学习者时间管理的研究中，大致可以分为三类：第一类是通过对学习者的调查来分析学习者的时间管理，第二类是从技术角度通过应用实例对时间管理进行探讨，第三类是通过教学过程分析来探讨学习者的时间管理问题。

（一）基于时间管理模型的管理策略

时间管理的本质是通过有计划、有目的的规划提高时间使用效率，核心在于效率而非时间。构建科学的碎片化时间规划体系，提高碎片化时间的使用效率。有研究者提出了时间管理的模型。[①]

（1）针对"目标与计划"环节的学习时间管理能力提升策略。制定 SMART 学习目标。SMART 是五个英文单词的首字母缩写，分别代表目标必须是具体的（Specific）、可测量的（Measurable）、可实现的（Attainable）、与其他目标是相关的（Relevant）、有明确的时间规定的（Time-specific）。

（2）针对"分配时间"环节的学习时间管理能力提升策略。平衡学习、工作和生活的关系，不过度挤压学习时间。成人所需花费的时间大致可以分为四类：一是工作时间；二是学习时间；三是生活（含休闲娱乐）时间；四是睡眠时间。要根据任务的重要性和紧迫性划分时间管理的象限。

（3）针对"使用时间"环节的学习时间管理能力提升策略。利用时间效率曲线，提高时间使用效率。每个人都有自己的工作、学习和生活节奏，在不同的时候，任务完成的效率也是不一样的。有研究表明，效率曲线有两个高峰，一个是在 10:00 左右，一个是在 20:00 左右；还有两个曲线低谷在凌晨 2:00—4:00（深度睡眠时间）和 14:00 左右（午间小憩时间）。我们可充分利用效率曲线，遵循自己的生物钟规律，在高峰阶段安排些复杂的、重要的学习活动。掌握时间运筹方法，合理扩充时间容量。

（4）针对"反思"环节的学习时间管理能力提升策略。我们需要定期

---

① 张梅琳. 成人学习时间管理能力的提升策略 [J]. 成人教育，2015（9）：7-8.

对学习时间管理情况进行反思和总结。反思活动可充分借助已有的一些时间管理工具。

（5）针对"控制和调整"环节的学习时间管理能力提升策略。"控制与调整"是针对反思结果采取的具体行动。如：目标设置不合理可以重新按照 SMART 原则进行调整；计划安排需要随着目标变化进行调整（如及时梳理本期未完成的学习活动事情，将其归入下期学习计划中）；使用时间环节出现的效率不高的问题需要加以控制，确保自己的学习时间不被打扰。

（二）增加闲暇时间，利用好碎片时间

马克思认为："闲暇时间是满足绝对需求所需要的劳动时间以外从事其他活动的剩余时间；是劳动者用于消费和用于从事自由活动的时间；是为全体成员本身发展所需要的时间。"[①] 中小学教师的职后培训一般安排在周末及寒暑假教师的闲暇时间内进行，是在中小学教师工作时间之余，除去其生活所支出的时间后利用所剩余的可供其自由支配的时间进行的，旨在提高其有关教师职业的信念、情感、知识、技能等方面的教育，当然也属于闲暇教育。闲暇教育的价值主要体现在三个方面：有利于闲暇价值观的养成；有利于个性化发展与社会进程；有利于提高解决问题的能力。

时间是从事学习培训的前提与保障。中小学教师在职后培训中的时间不充裕，这是最为突出的一个环境障碍，应采取以下措施：在学校层面上，学校应该重新调整教师培训时间。具体来说，首先学校应该对中小学教师的时间安排进行调查，研究其时间分配，在此基础上统筹安排，可学习先进地区建立"教师专业发展日"的制度，提前确定一个具体日期让教师专门从事教学研究，为教师培训预留固定时间，这样中小学教师就不用在工作时间中抽时间去进行培训了，也能减少中小学教师在职后培训中的工学矛盾。有研究者建议在新学期之初，学校拟定两个"教师专业发展日"的

---

① [德] 马克思. 马克思恩格斯全集（第 46 卷下）[M]. 北京：人民出版社，1980：122.

时间供教师选择参加培训，教师可以在不影响学校正常教学秩序的前提下，根据自己的时间安排选择一个时间进行学习培训。其次，为了不扰乱学校教学秩序，应该广泛向教师灌输闲暇教育的思想，在教师自愿自主的基础上在假期对教师进行培训。再次，学校应该制订长远的规划，做好教师参与培训的后续工作，让教师心无旁骛，没有工作负担地参与学习培训。另外，还可以借鉴国外的先进经验，为中小学教师增添"进修假"。在国外，教师培训的基本制度之中就有"进修假"，像英国，不同阶段的教师享受的进修假是不同的，新教师至少要用五分之一的时间进修，以保障教师的质量，连续工作七年的教师可带薪休假一学期，以提高教师工作研究的积极性。在我国，学校同样可以为教师制定"进修假"制度，提高教师参与培训的积极性。

迈克尔（Michael）把人的资源管理策略分为时间管理策略、努力和心境管理策略、环境设置策略和学业求助策略[①]。对于时间管理策略，不同的学者有不同的认识，有研究者认为时间管理策略是指学习者对学习时间进行统筹规划、合理安排和有效监控的方法策略。面对中小学教师在职后培训中面临时间不充裕这一环境障碍，应及时调整时间管理策略，在时间管理上，应做到统筹安排学习时间，灵活利用零碎时间。

具体来说，首先，每位中小学教师应该对自己的时间进行详细的记录，看看自己的时间是怎样分配的，哪些时间的花费是有价值的，哪些时间的花费是没有价值的。此外，中小学教师应该在正确对待"闲暇时间"的基础上对自己的时间进行一个整体的规划，这样既可以提高自己的工作效率，又可以利用琐碎的时间来自我提升，增加学习机会。其次，中小学教师要处理好工作、家庭和培训学习的关系，三者应该做到统筹兼顾，互不影响。具体来说，在学校，教师的职责是教书育人，教学或班级管理的工作应在学校完成，不把工作带回家，也不把工作中的情绪带回家，影响自己的家

---

① Michael B. P., James A. G. Motivation, learning strategies, and academic performance: A study of the finance classroom [J]. *Financial Practice& Education*, 1995: 78–89.

庭生活闲暇时间；在家庭中，教师为人子女，为人父母，家庭琐事也在家里处理，不把家庭中的事情带到学校，带到工作中；在培训学习中，教师是学习者，最重要的目的是学习，对于已安排好的培训，就认认真真心无杂念地进行学习培训。处理好了这三者的关系，有利于中小学教师职后培训。

作为成年学习者，教师必须建立的一种时间管理能力就是利用碎片化时间来完成大块的学习任务，将需要利用大块时间完成的学习任务，进行分解，利用碎片化时间来完成，并建立结构化的时间管理思维。教师要为自己的碎片化时间找到合理的、有价值的用途，要为每一种碎片化时间单位寻找至少 3 ~ 5 种有价值的用途。在工作之余，每个教师产生的碎片化时间的长度和数量都不同，每个教师对知识需求的侧重点也不尽相同。中小学教师要充分利用互联网技术和无线宽带等移动工具，按需学习，高效管理碎片化时间。在碎片化时间的学习模式下，教师要保持连续和整体化的思考，保持高效的学习效率。在日常的工作学习生活中，教师要更有效率地利用有限的时间，对有限时间进行科学管理。

结　语

由上可见，中小学教师的学习是一个复杂的系统，受到诸多因素的影响。学习系统是由学习需求、动机、内容（主题）、组织、形式、途径、方法、评价、环境、支持服务等构成的一个有机整体。年龄、性别、教育背景、居住环境（自然和人文社会环境）、社会角色（包括婚姻、就业、担负照顾家庭成员主要责任情况）、社会地位（包括从事的职业、行业、社会经济阶层等）是制约和影响成人学习的重要因素。教师的学习动机可分为与工作相关的学习动机和非职业学习动机。与工作相关的重要学习动机包括：获得新的工作技能、获取某种资格（证书）、提升工资、获得更高的工作满意度、获得职位提升；而主要的非职业学习动机包括：获得在日常生活中可能运用到的知识或技能、让自己保持活力、做有兴趣的事情、结交新朋友、为了健康等。这些都影响着教师的学习。

有关中小学教师学习的理论研究大多止步于笼统的从中观（学校层面）或微观（个人层面）视角提出一系列影响因素，但是对于哪些是关键性影响因素，这些因素之间的复杂关系如何，影响因素是如何作用于教师学习过程的"黑箱"等问题还未有更深入的探讨。目前的研究在揭示高度复杂的教师学习方面还存在不足，即研究者过于依赖通过实证检验提出一系列影响教师学习的"输入"和"输出"变量，但是对于这一过程中作用机制的"黑箱"却尚少触及，对于"如何发挥影响"的认识还非常缺乏。[1]

---

[1] 刘胜男. 教师专业学习的实证研究 [M]. 上海：上海三联书店，2018：5.

第五章　教师学习中的人际关系

张玉静

教师学习是成人学习活动，它不同于学生学习，前者是教师在内外部环境发展需要及自我发展需要激励下，以自身可持续发展为目标、以参与式学习为主的多样化实践方式。[①] 过去该领域的研究者多关注教师学习的内容、形式和成效等问题，包括教师的专业成长和发展等，然而以教师学习社会性为研究对象的实证研究还很少。教师学习中的社会性包括社会性技能、群体感和学习满意度等三个要素。[②] 虽然教师学习社会性领域的研究才刚起步，但值得欣慰的是越来越多的研究者开始意识到人际关系与社会性变量在教师学习中的重要性。

有学者认为成功的高等教育经验植根于一个探究共同体，在此共同体中，学习通过认知存在、社会存在和教学存在这三个元素的交互作用进行着。其中，社会存在指个体将个性特征投射进共同体中，从而向其他参与者展现作为"真实的人"的自我[③]。教师发展应是包括认知、情感和身体发展、专业化的领域、最大限度利用学习环境和社会系统促进因素的完整

---

① 孙翠香. 教师学习：内涵、影响因素及激发策略 [J]. 教育导刊（上半月），2014（4）：56–59.

② Jean Lave & EtienneWenger. *Situated learning: Legitimate peripheral participation*[M]. Cambridge：Cambridge University Press，1991.

③ D. Randy Garrison，Terry Anderson & Walter Archer.（2001）. Critical thinking, cognitive presence, and computer conferencing in distance education[J]. *American Journal of Distance Education*，2001，15（1）：7–23.

过程。完整的培训过程应包含大量接触许多结合理论和应用性工作的社会经验。①

在网络或在线学习中，社会性也扮演着重要角色。高质量的成人在线学习特征有：与同伴进行社会互动与合作，将新知识与已有经验结合，能及时应用，自我反思的氛围和自我调节学习②。这些要素结合起来就是深度学习，即学习者在社会协商环境中主动将新思考整合进自己的认知结构中。③

一、教师学习中的人际关系与社会性

有研究者将教师学习共同体生态系统根据学习者类型、学习目标和组织层面依次区分为微观、中观和宏观三个不同层面。微观系统主要指由学校管理者、教师或教职工等组成的校内教师学习共同体。中观系统主要指学校与学校之间、或中小学与大学之间等组成的校际教师学习共同体。宏观系统主要指在线教师学习共同体。④本文将从教师学习中的社会心理发展以及以上三个层面介绍教师学习中的人际关系与社会性。

（一）教师在学习中的社会心理发展

美国研究者对成人继续教育研究的内容做了定性综述⑤，识别关键假设、方向和描述性群组。其中就包括成人的社会心理发展。过去的研究者

① Thomas Linton E. An alternative teacher training model for urban America: the teacher as a social systems agent[J]. *Change Agents*, 1972: 16.
② Kathleen Cercone. Characteristics of adult learners with implications for online learning design[J]. *AACE Journal*, 2008: 16 (2), 137e159.
③ Jenny Moon A. *Reflection in learning and professional development: Theory and practice*[M]. London Sterling, VA: Kogan Page: Stylus Pub, 1999.
④ 许萍茵. 生态哲学视域下教师学习共同体之探索——以海南师范大学"周末流动师资培训学院"为例 [D]. 海南师范大学博士学位论文, 2012.
⑤ Carol Kasworm E. Adult undergraduates in higher education: a review of past research perspectives[J]. *Review of Educational Research*, 1990: 60 (3), 345–372.

多关注女性接受成人高等继续教育过程中的社会心理发展，这类研究或者考察成人继续教育学生的特定成人和毕生发展阶段，或者比较女性受教育者与其同龄女性或年轻女学生的社会心理发展特征。总体而言，研究结果都发现接受继续教育的成人女性在更广的生活背景下卷入了学生角色，并有具体的发展需要，她们的成就动机和自我概念与年轻女学生类似。但也有证据表明这些女性接受继续教育后，集中产生身份危机的问题。

成人学习为个体带来新的学生身份和角色期待，不可避免地会产生角色冲突，并需要角色支持。研究者发现接受继续教育的女性比男性面临更多的角色冲突。同时，职业女性和非职业女性之间的角色冲突也有差异。其中，家庭应对风格对女性学生角色卷入也有影响。平均而言，女性成人接受继续教育时受到来自配偶和家庭中等程度的积极支持。[①]

（二）教师非正式学习中的人际关系

厄劳特（Eraut）提出了工作场域中影响学习的因素模型[②]（如图5-1），该模型强调学习因素和环境因素，其中人际关系将影响个体的角色期待、绩效和进展期待。该模型特别适用于个体的非正式学习，教师学习分为正式学习和非正式学习，前者包括教师培训、教师教研、交流、继续教育等，后者随时随地发生于教师日常教育教学实践中，其作用不容小觑。[③]威尔逊（Wilson）等人对 10 位新教师进行追踪研究，发现新教师学习大多是非正式学习，且教师感受的被同事尊重和支持的程度会影响教师学习。[④]

---

① Carol Kasworm E. Adult undergraduates in higher education: a review of past research perspectives[J]. *Review of Educational Research*, 1990: 60（3）, 345–372.

② ErautMichael.Informal Learning in the Workplace[J]. *Studies in Continuing Education*, 2004: 26（2）, 247–273.

③ 孙翠香.教师学习：内涵、影响因素及激发策略 [J]. 教育导刊（上半月），2014（4）：56–59.

④ Elaine Wilson & Helen Demetriou. New teacher learning: Substantive knowledge and contextual factors[J]. *The Curriculum Journal*, 2007: 18（3）, 213–229.

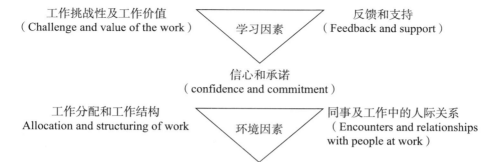

图 5-1　工作场域中影响教师学习的因素模型 [1]

　　教师的专业学习应该建立在教师间紧密的工作关系基础上。[2] 此外，教师学习应该是合作式的，包括知识的分享等。[3] 通过参加非正式的社会活动（通常在校外）进行学习能够使教师和组织者以更私人化的方式认识彼此，朝着共同的目标一起工作，从而增强信任和紧密的合作关系。建立结构化、人性化的支持环境，这样的社交属性能够促进有目的的合作学习及其迁移[4]，从而为教师思维的转化奠定基础。而通过合作式学习和鼓励相互反馈和讨论的共同努力，又反过来促进了这样的社会性环境。[5]

　　例如在实践中，教师非正式学习的表现形式可以是：几位平时私人和工作关系较好的老师在其中一位老师家聚会，见面后大家先是闲聊，30 分钟后在客厅集合，大家随意坐着，一边吃东西一边讨论关于在将要举办的会议上做展示发言的建议。大家头脑风暴，逐渐确定展示主题，并开始讨

①　孙翠香.教师学习：内涵、影响因素及激发策略 [J]. 教育导刊（上半月），2014（4）：56-59.
②　Linda Darling-Hammond, Ruth Chung Wei, Andree, Alethea, Nikole Richardson & Stelios Orphanos. Professional learning in the learning profession: A status report on teacher development in the United States and abroad. Dallas, TX: National Staff Development Council, 2009.
③　Linda Darling-Hammond, Milbrey W. Mclaughlin. Policies that support professional development in an era of reform[J]. *Phi Delta Kappan*, 2011: 76（8），597-604.
④　Hord, S. M., & Tobia, E. F. *Reclaiming our teaching profession: The power of educators learning in community*[M]. New York, NY: Teachers College Press, 2012.
⑤　Kevin Patton, Melissa Parker & Neutzling M. Misti. Tennis shoes required: The role of the facilitator in professional development[J]. *Research Quarterly for Exercise and Sport*, 2012: 83, 522-532.

论展示的细节。两个小时后，大家又开始第二个会议，即讨论如何准备展示发言。①

（三）校际间的人际关系与社会网络

国内研究者基于结构洞理论分析了教师学习过程中，校际间人际关系与社会网络中的中间人角色，研究以三所城乡初中构成的教师学习共同体中 68 位教师之间的人际关系为研究对象，结果发现在集中培训和自主研修阶段，骨干教师占主导地位，网络社群以星型机构为主要特征；而在网络协作课题研究阶段，普通教师占主导地位，普通教师特别是农村教师更多作为中间人起联络作用。② 该研究是教师学习的城乡校际间和网络人际关系研究的一个例子，从中可以看出，教师学习的环境和人际关系并不单一，随着学习载体、环境和学习阶段的变化，人际关系的发展方向也随之改变，在这一过程中，教师本身就发挥着极其重要的主动性作用。

（四）在线学习中的网络人际关系与社会性

信息技术革命促进了在线学习的发展，2013 年和 2017 年的地平线报告（the Horizon report）指出教育模式继续向在线学习和合作模型转变，教师越来越多地使用可重组、开放的大规模网络课程（MOOCs）、移动设备等进行学习。③④2016 年，StatCounter 报告称，全球范围内利用手机和平板电脑进行的网络浏览占 51.3%，首次超过利用台式电脑的浏览量。⑤ 在线

---

① Kevin Patton，Melissa Parker&Deborah Tannehill.（2015）. Helping teachers help themselves：professional development that makes a difference. NASSP Bulletin, 2015：99（1），26-42.

② 赵健. 基于结构洞理论的教师学习共同体中间人角色分析 [J]. 电化教育研究，2013（2）：27-31.

③ S. Adams Becker, M. Cummins, A. Davis, A. Freeman, C. Hall Giesinger &V. Ananthanarayanan，NMC Horizon Report：2017 Higher Education Edition[R]. Austin, Texas：The New Media Consortium，2017.

④ L. Johnson，S. Adams Becker, CumminsM, Estrada V, Freeman A & Ludgate H，NMC Horizon Report：2013 Higher Education Edition[R]. Austin, Texas：The New Media Consortium, 2013.

⑤ S Gibbs.Mobile web browsing overtakes desktop for the first time[M/OL]. 2006[2019-01-08]. https：//www.theguardian.com/technology/2016/nov/02/mobile-web-browsing-desktop-smartphones-tablets.

学习具有方便、灵活等优点，比起传统学习方式花费低且方便，同时，教师和学员的角色也能互相转换。[①] 教师通过虚拟网络进行学习时，通过多种方式和平台建立并形成关系，分享信息、交流观点、讨论学习，进而可能会形成较为深入的关系，进行情感交流和支持等。例如移动设备就为师生提供了更多互动机会，许多移动学习资源通过嵌入社交平台或与社交平台对接，实现了学习和社交等双重功能。

1. 网络人际关系的产生

随着信息和网络技术的飞速发展和学习方式的革新，在线学习已经成为一种常见且方便快捷、为成人所欢迎的学习方式。在线学习的过程中，学习同伴之间也会建立起虚拟的社交网络。

美国的研究者用教室社群量表（Classroom Community Scale，CCS）调查了成人在线学习中的人际关系，该量表主要用于评估学生的群体感和在一门课内社群发展的程度。[②] 群体感包括两个成分：与群体成员的连结感和学习期待与目标的共性。结果发现成人在线学习的该量表平均得分为 87.1 分（满分 100 分）。质性访谈的结果也表明在线学习的成人之间产生了虚拟的人际关系，并且大家认为这种关系是意外的收获，在开始学习的时候并没有这种期待。尽管也有人抱怨在线学习的孤独感，但一些平时羞于表达较为孤立的人也表示在虚拟网络学习中能够有更多人际连结，例如在线学习的虚拟休息室可以让学员匿名聊天，虽然个人隐私的问题依然存在。

研究者发现学员的社会存在感知与其对授课教师讲授内容的评价和满意度正相关，且学员的社会存在感知解释了对授课教师满意度 35% 的变异。这一发现将在线课程中社会存在的"文化性"和学员感知到的学习水

---

① Jennifer C. Richardson & Karen Swan. Examining social presence in online courses in relation to students' perceived learning and satisfaction[J]. *Journal of Asynchronous Learning Networks*, 2003: 7（1），68–88.
② Fengfeng Ke. Examining online teaching, cognitive, and social presence for adult students[J]. *Computers & Education*, 2010: 55（2），0–820.

平连结了起来。这些研究也发现学习是一种社会行为，个体从与他人互动中学到的比独自阅读学到的更多。①

2. 网络人际关系的特点

在线学习的人际关系产生了虚拟的熟悉感，这与现实生活不同，因为前者往往基于文字的非同步交流。"人们通过回答问题时的思想、感兴趣的事物类型和所发表的文字彼此了解。"研究中的一些被试表示，与陌生人互动却不见面，会让人感到困惑，因为无法将面孔和讨论的内容联系起灭，因此他们认为时不时的面对面交流（如一起吃饭或喝咖啡等）对于发展在线群体凝聚性还是很有必要的。②

教师学习的网络人际关系还存在亚团体现象。研究者发现同伴群体能够主导在线讨论，威胁到新来的人。这样的亚团体中，成员会在课堂上互动，且连结较为紧密，似乎这样的互动让亚团体成员感到舒适。③

教师学习的网络社会交互关系存在且依赖于不同种类的在线社群载体。研究者将教师在线学习的环境分为博客社群、论坛社群和主题网站。在这三类交互网络中，教师学习的网络人际关系有所不同。社会建构理论认为知识建构是自我协商和社会协商的结果，据此，研究者分析了教师学习的上述三类交互机制的差异（如图 5-2）。从博客社群学习、主题网站社群学习、依次到论坛社群学习，社会交互广度逐渐减小，而社会交互深度逐渐增加。④

---

① Jennifer C. Richardson & Karen Swan. Examining social presence in online courses in relation to students' perceived learning and satisfaction[J]. Journal of Asynchronous Learning Networks，2003：7（1），68–88.

② Fengfeng Ke. Examining online teaching，cognitive，and social presence for adult students[J]. Computers & Education，2010：55（2），0–820.

③ Fengfeng Ke. Examining online teaching，cognitive，and social presence for adult students[J]. Computers & Education，2010：55（2），0–820.

④ 丁继红，熊才平，刘静，马佳佳 .PST 视域下教师社群学习的模式的分析与重构 [J.] 远程教育杂志，2015（3）：33–40.

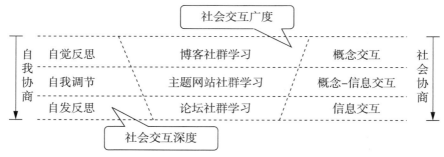

图 5-2　教师在线社群学习模式的社会交互分析 ①

3. 网络人际关系的影响因素

研究者发现，在线学习的人际关系受到一些因素的影响。首先，学员体会到的互动与教师的言语和非言语即时行为有关。例如研究者发现教师的即时行为与学员对教师的评价正相关。授课教师的言语和非言语即时行为是学员—教师互动、交流分数的预测因素。② 鼓励学员投入和给予反馈的教师即时行为受到了学员最高的评价。③

有研究者发现学员的性别与感知到的社会存在有关并解释了 5% 的变异量，但这可能与该研究的性别取样偏差有关，需要进一步证实。④

学员感知到的社会存在与其感知到的在课程活动中的学习有关。研究者发现在选择最有帮助的学习活动时，1/3 的学员选择书面作业，1/4 的学员选择班级讨论 / 提问回答活动。当问及原因时，59% 的作答者提到了互动、反馈和其他学员的视角和肯定。⑤

---

① 丁继红，熊才平，刘静，马佳佳 .PST 视域下教师社群学习的模式的分析与重构 [J.] 远程教育杂志，2015（3）：33–40.

② Alexis Moore，John T. Masterson，Diane M. Christophel &Kathleen A. Shea. College teacher immediacy and student ratings of instruction[J]. *Communication Education*，1996：45，29–39.

③ Michael Zane Hackman & Kim B. Walker. Instructional communication in the televised classroom：The effects of system design and teacher immediacy on student learning and satisfaction[J]. *Communication Education*，1990：39，196–206.

④ Jennifer C. Richardson & Karen Swan. Examining social presence in online courses in relation to students' perceived learning and satisfaction[J]. *Journal of Asynchronous Learning Networks*，2003：7（1），68–88.

⑤ Jennifer C. Richardson & Karen Swan. Examining social presence in online courses in relation to students' perceived learning and satisfaction[J]. *Journal of Asynchronous Learning Networks*，2003：7（1），68–88.

二、教师学习中社会性与认知、教学的关系

（一）在线课程设计和学员社会性的关系

基于探究共同体理论模型（Community of Inquiry theory model）和前期质性研究的结果，研究者发现内容设计取向（预先决定/灵活的）的课程设计和讨论设计特征（包括讨论任务的打分环节、目的、参与单元和交流形式）显著预测了学员的认知存在（即学习满意度、自我感知深度和浅层学习、知识建构互动单元的数量）和社会存在（即教室社群量表分数和社会互动单元的数量），解释了24%的变异。另外，课程内容和在线讨论设计特征显著预测了学员23%的社会互动表现，且在线讨论的目的和参与单元都与社会互动数量显著相关，表明多重目标的在线讨论和整合课程、小组讨论的课程与更多的社会互动相关。[①]

（二）认知存在和社会性的关系

认知存在和社会存在之间有着相互关联。例如，研究者发现学习满意度和群体感的自我感知，以及知识建构互动和社会互动的数量之间存在正相关关系，而浅层学习的自我感知和群体感的自我感知负相关。[②]例如，霍斯泰特（Hostetter）和布希（Busch）发现社会存在解释了40%的学习满意度。表明社会性的程度越高，学习过程的认知结果也越好。[③]

教师学习中的社会性在个体层面可视为教师的社会资本，即人与人之间社会关系互动的质量和数量。教师的社会资本能够显著影响其学习与教学能力。具有社会资本的教师能够通过其他老师的人力资本相互学习。这些老师一起教学、计划和研讨教学，并且能将学到的策略转化为教学实践

[①]　Fengfeng Ke. Examining online teaching, cognitive, and social presence for adult students[J]. *Computers & Education*, 2010: 55（2），0–820.

[②]　Fengfeng Ke. Examining online teaching, cognitive, and social presence for adult students[J]. *Computers & Education*, 2010: 55（2），0–820.

[③]　C. Hostetter & M. Busch. Measuring up online: the relationship between social presence and student learning satisfaction[J]. *Journal of Scholarship of Teaching and Learning*, 2006: 6（2），1e12.

行为的变化，从而对学生学习产生有效影响。[①]

总之，质性和量化研究结果发现群体感更强的成人学员学习幸福感水平更高。表明网络人际关系和群体感能增加对课程的喜爱。群体感较高的学员社会互动更高，自我感知的浅层学习水平更低，表现出更多的知识建构互动。正如鲁尔克（Rourke）等人所提到的，"社会存在通过其在群体中激发、维持和支持批判性思维的能力支持认知目标的实现"。[②]

三、小结与展望

（一）教师社会心理发展干预

一些关注成人社会心理发展的研究者认为，高等教育应该旨在培养和促进个体的发展。前述提到教师学习面临着工学矛盾和角色冲突等困难，尤其是女性，教师群体中女性比例很高，这是不容忽视的问题。因此，迫切需要教育环境为女性学员提供社会心理方面的干预和支持。通过培养自我概念、自我决断和职业／生活规划、在教育环境下支持个人对生活改变的承诺等能力的发展，这样的干预项目将会大有助益，帮助教师学员形成更加成熟、主动、富有洞察力、平衡、自信、目标导向和批判性意识的视角。[③]

已有不少国外研究者做过接受继续教育的女性成人的实践尝试并收效较好，教师学习过程中，也可以借鉴此类实践。例如，研究者发现社会心理干预项目对决策制定技能的发展有影响，但他们的项目缺少对女性自我决断能力的影响。在随后的追踪研究中，他们为这些女性提供生活转变方

---

① Kevin Patton, Melissa Parker & Deborah Tannehill. (2015). Helping teachers help themselves: professional development that makes a difference. NASSP Bulletin, 2015: 99（1）, 26-42.

② Liam Rourke, Terry Anderson, D. Randy Garrison & Walter Archer. Assessing social presence in asynchronous, text-based computer conferencing[J]. *Journal of Distance Education*, 1999: 14（3）, 51e70.

③ Carol Kasworm E. Adult undergraduates in higher education: a review of past research perspectives[J]. *Review of Educational Research*, 1990: 60（3）, 345-372.

面的咨询。①② 霍珀（Hopper）和赖斯（Rice）还发现项目之后，这些成人做出了很多个人满意度相关的行为和态度方面的转变。③

（二）创设良好的学校与校际间人际关系氛围

学校中良好的人际关系使教师能够得到支持和帮助。无论是正式学习还是非正式学习的形式，人际关系都微妙且深刻地影响着教师学习的过程和结果。笔者接触到的一些教师反映，学校中的人际关系以及在教师培训等过程中形成的临时或更长久的人际关系都影响其学习的动机和结果，良好的人际关系对教师学习具有激励、支持和促进等作用。因此，学校和培训者、课程设计者等应该积极在学习场所内外创设良好的人际关系和团队学习氛围，促进教师学习。

此外，不同学校之间教师学习的协同，特别是城乡协同，建立教师学习共同体也非常重要。通过校际间伙伴关系的建立，能够促进教育资源、教师资源等在校际间流动。这种流动不是单向的，而是双向或多向的。基于前文所述，校际间人际关系的建立需要各个学校的行动者承担中间人角色，特别是处于弱势地位的行动者如能主动承担更多角色，就能更好地达到流通资源、提高学习成效并确保其落地的目标，形成结构稳定的教师学习社会关系。④

（三）与社会性有关的在线课程设计与未来研究

上文提到，多重目标的讨论（评估和理解内容、团队合作等）与社会互动的增加有关。这可能是由于适应用户的在线学习提倡嵌入了灵活性和

① Marilyn Berman, Charles J. Gelso, Beverly R. Greenfeig & Rosalyn Hirsch. The efficacy of supportive learning environments for returning women: An empirical evaluation[J]. *Journal of Counseling Psychology*, 1977: 24（4）, 324–331.

② Chery Hetherington & George R. Hudson.Returning women students: Independence, personal identity, confidence, and goal orientation. *Journal of College Student Personnel*[J], 1981: 22, 31–36.

③ Judity Oakey Hooper & Joy K. Rice. Locus of control and outcomes following the counseling of returning adults[J].*Journal of College Student Personnel*, 1978: 19（1）, 42–47.

④ 赵健. 基于结构洞理论的教师学习共同体中间人角色分析 [J]. 电化教育研究，2013（2）：27–31.

多样性特征的学习任务，以满足和支持广泛的学习类型和需要。① 据此推断，整合式的讨论任务类型满足了成人学员的多样化要求，他们可能会喜欢在线讨论时与实际结合紧密或者经验导向的开放性。从即时行为的角度来说，在线课程的设计者和授课教师需要通过讨论和其他活动来纳入即时行为，也将有助于社会互动的增加。

在整合式在线讨论环境中，成人学员能够在班级论坛中评估多个观点，并同时保持聚焦，而不被过多小组讨论分散注意力。这一发现间接支持了布莱伦（Bllen）的观点，他认为学员喜欢全班讨论，因为能够提供"多对多"的交流，且学员能够更加聚焦，在同伴面前发言机会均等。② 此外，研究发现同步交流能促进社会互动，③ 由于在线讨论具有互动性，因此这也可能是其能促进社会性和人际关系的原因之一。

未来研究在线学习的社会性时，可以参考戈勒姆（Gorham）等人在传统教室中所做的研究。④ 可以通过课堂观察、访谈和在线课程文档分析等考察积极社会存在行为的组成部分，这样更多的机构和授课教师就能将这些行为纳入课程中。但这需要在方法方面训练这些授课教师，帮助其将积极的社会存在 / 即时行为纳入课程，在课程上"培养"学员感知到的社会存在。⑤

（四）教师学习社会性的发展路径

新兴视角（emergent perspective）下的 TPACK 发展机制认为教师要实

---

① Valerie Shute & Brendon Towle.Adaptive e-learning[J]. *Educational Psychologist*, 2003: 38（2），105e114.

② Mark Bullen. Participation and critical thinking in online university distance education[J]. *Journal of Distance Education*, 1998: 13（2），1e32.

③ Y Im & O Lee. Pedagogical implications of online discussion for preservice teacher training[J]. *Journal of Research on Technology in Education*, 2004: 36（2），155e170.

④ Joan Gorham. The relationship between verbal teacher immediacy behaviors and student learning[J]. *Communication Education*, 1988: 37，40–53.

⑤ Jennifer C. Richardson & Karen Swan. Examining social presence in online courses in relation to students' perceived learning and satisfaction[J]. *Journal of Asynchronous Learning Networks*, 2003: 7（1），68–88.

现基于技术整合学习的认知性、社会性和身份认同"三位一体"发展。[1]国内研究者据此提出TRACK教师学习多元化路径[2]（如图5-3），其中，社会性的培养路径通过同伴互助实现社会建构的功能，具体的同伴互助包括协作课例研究和网络协同研修，这类多元化、多层面的"社会中介"可以帮助教师实现技术深度学习。协作课例研究具体的实施步骤是教师之间实现校本、校际、与校外骨干教师、专家、教研员、高校教师等一道，共同搭建一个实践共同体，通过"理解—观察—实践—反思"的过程，提升教师素养。网络协同研修包括在线课程等，并涉及博客社群、论坛社群和主题网站社群等网络环境，前文已有详述。无论是自上而下的"政府引导"或是自下而上的"民间组织"等形态，都能实现网络环境下教师学习的社会建构功能。此外，实证研究还发现课题驱动的协作教研团队也能在教师学习的社会性维度上，实现信任、互惠为基础的社会性关系。[3]

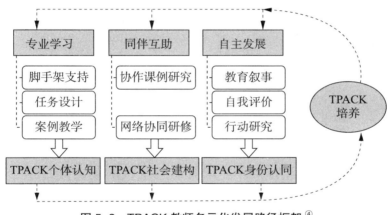

图5-3　TPACK教师多元化发展路径框架[4]

① Paul Cobb & Janet Bowers. Cognitive and situated learning perspectives in theory and practice[J]. *Educational Researcher*, 1999：28（2），4-15.

② 张静，刘赣洪．多维视角下教师TPACK发展机制与培养路径[J].远程教育杂志，2015（3）：95-102.

③ 赵健，郭绍青．网络环境下教师学习共同体运行效果的调查分析[J].中国电化教育，2013（9）：78-81.

④ 张静，刘赣洪．多维视角下教师TPACK发展机制与培养路径[J].远程教育杂志，2015（3）：95-102.

综上所述，教师学习中的人际关系与社会性普遍存在于校内、校际间和在线学习环境等不同层面以及正式和非正式学习场合，尽管不同的学习环境与平台中，人际关系的特点各有不同，但总体而言，良好的人际关系与较好的学习结果（知识建构、深层学习、认知目标实现等）相关。未来课程开发者可以设计促进社会性的在线课程，让学员感受到更多"社会存在"，教师可以主动参与协作课例研究、网络协同研修和课题驱动的协作教研活动等，同时，学校管理者可以创设良好的校内与校际间人际关系氛围、对教师进行教师心理社会发展干预等，促进教师学习过程的社会性，促成教师的专业发展和个人成长，最终实现学校的可持续发展与变革和教育成效的提升。

第六章　教师学习共同体

刘博文

　　20 世纪中期，随着世界范围内学校管理变革浪潮的席卷，教师作为学校的核心力量，其专业发展路径和专业能力提升策略成为研究的热点，教师学习共同体正是在这样一个背景下被提出。当然，相关研究也证实，教师参与共同体与否和学生成绩有较强的相关性，学生成绩会随着教师共同体数量的增加而提高。另外，也有研究证实，和个人发展相比，集体学习更利于教师的快速成长。20 世纪 30 年代，生物学家对麻雀和红襟鸟学会用嘴啄开锡箔纸喝牛奶的问题进行探究，最终得出结论是：物种的进化是需要有集体交流的过程的，麻雀经过 20 年学会啄开纸盖喝牛奶正是因为它是群居动物，当一只麻雀发现方法时，其他麻雀就都会知道，这就是集体交流的结果；而红襟鸟则离群索居，与同类交流较少，因此即使其中一只学会了喝牛奶的方法也很难教授给其他同伴。可见，集体交流对于团队成长的重要性，教师学习共同体也正是以这种集体交流的方式实现教师的专业发展，使教师获得共同成长。

　　那么教师学习共同体应如何构建？什么样的教师学习共同体才是成功有效的呢？为探寻出中小学教师学习共同体的有效模型，本文以"教师学习共同体"为关键词，以中国知网为主要工具，共检索到 2003 ~ 2018 年的相关文献 1002 篇，最终选取 2011 ~ 2018 年的文献为研究对象，合计文献 749 篇，其中硕博论文 159 篇，从研究成果分布时间可以看出研究热度呈逐年上升趋势，研究深度和广度也随之扩展。从对概念本源的讨论、发展历程的追溯到不同视角下教师学习共同体的探讨，直至现在对相关模式与机制的构建，教师学习共同体的研究无论在理论还是实践层面都取得了显著成果。综合上述研究问题，本文将从教师学习共同体的内涵与外延两大方面进行综述。

一、内涵问题研究

内涵问题即反映事物本质属性总和的问题，教师学习共同体的内涵即指它的概念、特征等基本属性问题。

（一）教师学习共同体的概念

对于教师学习共同体的概念，国内外学者在不同时间节点和不同学科领域提出了各自的观点，因此将从时间和学科两个视角进行概念的综述。

1. 时间视角

从时间序列的角度来看教师学习共同体这一概念，首先应着眼于共同体的源起。共同体作为教师学习共同体的核心概念，最初并非产生于教育学领域，而是由德国社会学家滕尼斯（Ferdinand Tonnies）在 1887 年提出的，他在著作《共同体与社会》中将"共同体"译为 community。[①] community 是 kom 与 moin 两个印欧语系字根的结合，kom 即"每个人"，moin 即"交换"，两者结合就有"共同分享"的意思。因此，从英文的词源结构可以看出，"共同体"指的是一种共同分享的生活。[②] 此外，共同体还有两种解释：一是在一个地区内共同生活的有组织的人群；二是有共同目标和共同利害关系的人组成的社会团体。[③]

滕尼斯在将共同体与社会比较的过程中指出：共同体是一种由情感联

① 胡鸿保，姜振华. 从"社区"的语词历程看一个社会学概念内涵的演化 [J]. 学术论坛，2002（5）：123-126.
② 张淑宜，辛俊德. 学习社群与教师专业表现关系之研究 [J]. 台中教育大学学报（教育类），2011（25）：83-103.
③ 安富海. 课堂：作为学习共同体的内涵及特点 [J]. 江西教育科研，2007（10）.

结的自然、整体、和谐的有机体。他把共同体分为血缘共同体、地缘共同体和精神共同体，即基于血缘的纽带、地缘的邻近以及共同的精神追求所构成的三种不同的共同体，其中精神共同体是最高形式的共同体。在精神共同体中，人的结合或关系超越了血缘与地缘的局限，成为一种心灵生活的亲近。[①] 涂尔干（Durkheim）指出共同体是在社会分工的基础上，要消除人与人之间的矛盾、减少欲望冲击下的失范，有必要建立社会的"有机团结"理论，促进社会协调，这就是共同体。[②] 韦伯（Weber）则指出所谓共同体就是参与者在一定场合下选择某种社会行为，并主观感受到共同属于一个整体，由此建立起来的社会关系即为"共同体"。[③] 杜威在《民主主义与教育》中也阐述了有关共同体的观点，他指出"人们因为有共同的东西而生活在一个共同体内，沟通是他们达到占有共同东西的方法。共同体也是在民主基础上达到的社会情境"。[④] 可见，共同体实际上就是有着共同理想和一致价值观的团体，它实际上也是一种协作、共助的形式。

伴随着共同体的提出，学习共同体这一概念应运而生。1990 年，彼得·圣吉（Peter Senge）在《第五项修炼》一书中从商业管理视角提出学习型组织理论，即"人们为了创造自己真心渴望的成绩而持续拓展能力，开阔的新思想得到培育，集体的热望得到释放，人们不断学习如何共同学习。"[⑤] 1993 年，萨乔万尼（Thomas J. Sergiovanni）在美国教育研究协会上提出：学校应该从组织转换为合作的"学习共同体"，这一说法实际上也标志着共同体概念正式被引入教育领域。随后，他在《建立学校共同体》一书中再次强调共同体对于社会发展和学校改进的重要性，并倡导"共同体的建立必须成为改进学校的努力的核心"。[⑥] 1995 年，博耶尔（Boyer）在《基础学校：学习共同体》报告中首次提出了学习共同体这一概念，这一

---

① 滕尼斯 . 共同体与社会 [M]. 林荣远，译 . 北京：商务印书馆，1999：65 .
② 曾小丽 . 生态哲学视域下教师共同体的批判与重构 [D]. 华中师范大学硕士论文，2016：11.
③ 曾小丽 . 生态哲学视域下教师共同体的批判与重构 [D]. 华中师范大学硕士论文，2016：11.
④ 约翰 . 杜威 . 民主主义与教育 [M]. 王承绪，译 . 北京：人民教育出版社，2001：9.
⑤ 彼得·圣吉 . 第五项修炼——学习型组织的艺术与实践 [M]. 张成林，译 . 北京：中信出版社，2009：26.
⑥ Sergiovanni，T.J. *Building community in schools*[M].San Francisco：Jossey-Bass，1994. p.xi.

报告标志着共同体概念正式引入教育领域。博耶尔定义学习共同体为一个由学习者及其助学者（包括教师、专家等）共同构成的团体，他们之间经常在学习过程中进行沟通、交流，分享各种学习资源，共同完成一定的学习任务，在成员之间形成相互影响、相互促进的人际联系。[1]1997年，霍德（Hord.S.M）提出了专业学习共同体的概念，他指出"专业学习共同体是由具有共同理念的教师和管理者构成的团队，他们相互协作，共同探究，不断改进教学实践，共同致力于促进学生学习的事业。"[2]杜福尔（Dufour）和艾克（Eaker）则指出专业学习共同体是以行动为中心、以结果为导向，专注学习的合作小组。

1998年，迈尔斯（Myers）和辛普森（Simpson）在其著作中指出："教师学习共同体是一种每个人都在学习的文化氛围，在这个文化氛围中，每个人都是一个完整的个体，每个参与者都为学习和共同受益而负责。"[3]

由此，教师学习共同体的概念被正式提出，萨乔万尼认为共同学习是教师在学习共同体这一形式中的一种态度和生活方式。日本学者佐藤学认为教师学习共同体是教师们共同学习和解决问题的方式，是一种学习的场所或者环境。美国的莱夫（J. Lave）和温格（E. Wenger）认为，教师学习共同体是教师通过对话、反思和行动等方式形成的具有文化特征的动态学习结构。佩里（Perry）认为教师学习共同体是在教师的专业发展过程中形成的，教师通过社会性交往和分享建构知识，在共同体中，教师们拥有共同的目标和共同参与专业发展项目的行为。[4]

可见，对于教师学习共同体这一概念的提出，实际上经历了由共同体概念的明确，到专业学习共同体概念的提出，最终才有了教育领域中教师学习共同体这一概念的阐述。而从国外学者们的论述中可以看出，他们普

---

① 刘东晓 . 中学教师教学共同体的创新行为研究 [D]. 苏州大学硕士论文，2016：1.

② Hord，S.M. *Professional Learning Communities of Continuous Inquiry and Improvement*[M]. Southwest Educational Development Laboratory，1997：9.

③ Sylvia M. Robert，Eunice.Pruitt. 学习型学校的专业发展——合作活动和策略 [M]. 赵丽，译 . 北京：中国轻工业出版社，2004：5.

④ Perry. N. E，Walton. C，Calder K. *Teachers Developing Assessments of Early Literacy：A Community of Practice Project*[M]. Australia：Teacher Education and Special Education，1999（22）：218.

遍认为共同体是促进教师专业成长的一种有效组织方式和方法，通过这一方式使教师群体内部形成一种良好的对话、协作氛围。

2.学科视角

除时间顺序外，学者们还从不同学科视角对教师学习共同体进行了定义。法国学者尚吕克·侬曦（Jean-Luc Nancy）在《解构共同体》一书中从哲学视角对共同体进行了定义："共同体与其说是社会所憧憬或厮守的固有有机关系，不如说是社会建立以后所发生的问题。"[①]

有学者从教育学视角指出，"一个学习共同体是指一个由学习者及其助学者包括教师、专家、辅导者等共同构成的团体，他们彼此之间经常在学习过程中进行沟通、交流，分享各种学习资源，共同完成一定的学习任务，因而在成员之间形成了相互影响、相互促进的人际联系"。[②]

社会学视角的定义则认为，"教师学习共同体是由为完成共同任务或问题，并有共同的志趣、愿景、情感等精神因素的教师个体（专家、教师）共同构成的学习团体，他们通过交流、沟通、同伴互助和合作，分享各种学习资源，利用各自的优势创造的有机的、和谐的学习环境，为教师个体提供学习、反思的机会，从而促进教师个体专业成长"。[③]

从文化生态环境角度来看，学习共同体是一个系统的学习环境，"对于一个学习共同体的成员而言，其周围的成员及其共同的实践活动、共同的话语、共同的工具资源构成了一个学习环境"。[④]

从组织结构视角看，学习共同体是由具有共同理念的管理者与教师构成的团队，他们致力于促进学生的学习，并进行合作性、持续性学习。同时作为一种组织形式，专业学习共同体被认为是促进教职工发展的有力途径，并成为学校变革与改善的有效策略。[⑤]

纵观教师学习共同体的定义，无论从何种视角都强调有机、共同、组

---

① 陈思，朱成科.近十年城乡教师学习共同体研究述评 [J].江苏教育研究，2013（5）：33.
② 李伟胜.班级管理新探索：建设新型班级 [M].天津：天津教育出版社，2006：17.
③ 论玉玲.区域性教师学习共同体及其虚拟教研平台构建研究 [D].华东师范大学硕士论文，2008：16-17.
④ 郑葳，李芒.学习共同体及其生存 [J].全球教育展望，2007（4）：58.
⑤ 段晓明.学校变革视域下的专业学习共同体 [J].比较教育研究，2007（12B）：40-43.

织这样几个关键词。因此，笔者认为教师学习共同体可以定义为：教师间通过交流、分享各自的优势与资源，在合作和创造过程中形成相互促进、共同提升的氛围，以提高群体专业能力的有机组织。

（二）教师学习共同体的特征

教师学习共同体是有别于其他共同体的特定类型的学习共同体，它有着自己的特征。但对于教师学习共同体的特征目前并未达成一致，观点有二因素、三因素、四因素等，这些因素说包涵着一些相同的关键特征。

路易斯（Louis）、克鲁丝（Kruse）等最早提出了专业学习共同体的五个特征：反思性对话、去个人化的实践、关注学生学习、协作和共享规范与价值。[①]

随后博耶尔指出教师学习共同体具有三大特征：共同的愿景、教师作为领导者、家长作为合作者，并指出其成员应该具有"诚实、尊重、责任、热情、自律、毅力、奉献"等七种美德。[②] 杜福尔将特征归纳为：共同的使命、愿景与价值观，集体探究，协作共同体，行动导向和实验，持续发展，结果导向。[③]

霍德（Hord）认为教师专业学习共同体包括五个核心特征：支持和共享的领导；集体学习与应用；共享的价值与愿景；支持性条件；共享的个人实践。[④]

加拿大学者维斯西蒙（Westheimer）提出教师共同体的五个特征：共同信仰、合作与参与、相互依赖、关注个体和少数意见、有意义的关系。[⑤]

日本学者佐藤学则提出教师学习共同体具有公共性、民主性、卓越性

① Louis K. S., Kruse S. D., Bryk A. S. An emerging frame-work for analyzing school-based professional community[G]//Louis K. S., Kruse S. D., Associates F. Professionalism and community: Perspectives on reforming urban schools[M]. Long Oaks, CA: Corwin, 1995: 112-132.
② 陈晓端. 当代西方教师专业学习共同体的理论与实践 [J]. 当代教师教育, 2011（3）: 21.
③ Richard DuFour, Robert Eaker. 有效的学习型学校 [M]. 聂向荣, 李刚等, 译. 北京: 中国轻工业出版社, 2005: 19-23.
④ Shirley M. Hord. *Professional Learning Communities*：*Communities of Continous Inquiry and Improvement*[M]. Texas: South-west Educational Development Laboratory, 1997: 13-15.
⑤ Joel Westheimer. Communities and Consequences: An Inquiry Into Ideology and Practice in Teachers Profesional Work[J]. *Educational Administration Quarterly*, 1999（35）: 71-105.

三个基本特征。[①]

斯多尔（Stoll）认为"指导所有学生学习的共同价值观和愿景、对于学生学习的集体责任、反思性专业探究、基于实现共同目的的合作、个体和团体的学习得到促进"是教师学习共同体的五个关键特征。[②]

赖克斯泰德（Reichstetter）提出教师学习共同体具有以下特征：共享的使命、愿景、价值和目标；承诺持续改善；共享实践与责任；反思性对话和集体探究；支持和共享的领导；支持性条件；结果导向；拓展共同体（expanded community）。[③]

维斯特海默（Westheimer）则将教师共同体分为自由化和集体化两类，并列举出二者的特征[④]（见表6-1）。

表6-1　教师共同体的特征

自由化	集体化
共同体关系由权利和义务所定义	共同体关系由关心、依赖定义
对学生、课程及学科的个人工作和责任感	对学生、课程及学科的集体工作和责任感
教师的话语仅限于学生、问题、课程理念及策略等	教师话语包括教育的目的、本质、哲学等
管理阶层化：以权力、头衔来划分领导力归属	管理权分散：以才能、能力确定领导力归属
个体教师问题（课堂及工作）引发建议和同情	个体教师问题（课堂及工作）集体共同担责
公共论坛鲜有人发声，异议常被抑制或边缘化	公共论坛提倡不同声音的表达，有时甚至是激烈的争论

---

① 佐藤学.学校的挑战：创建学习共同体[M].钟启全，译.上海：华东师范大学出版社，2010：134.

② Stoll L., Fink D. & Earl L. *It's About Learning (and It's About Time). What's in it for Schools?*[M]. London：Routledge Falmer，2003：3.

③ Reichstetter R. Defining a professional learning community[J]. *E & R Report*, 2006（6-5）：1-4.

④ Westheimer. Communities and consequences：An inquiry into ideology and practice in teachers' profesional work[J]. *Educational Administration Quarterly*, 1999（35）：71-105.

自由化	集体化
共同体的工具性价值意识	共同体内在固有的价值意识
共同体的同质性和一致性意识	共同体的个性化和自我身份意识
基于对学生和教学宽泛承诺基础之上的松散准入标准	基于对合作和集体工作共享信念基础上的选择性准入标准
教室活动表面化，不强制教师参与	教师活动结构化确保和促进了成员参与
课程目标强调教师与学生的个人主动性、个人权利和职责	课程目标强调教师与学生的相互依赖和共同行动

在国外学者研究成果基础上，我国学者结合自身特点也对教师学习共同体的特征进行了总结，但一般是四因素和五因素说。其中持四因素观点的有：袁维新认为自我认同、自我控制、自我适应、自我发展是教师学习共同体的主要特征。[①] 江玉印指出教师学习共同体具有四个特征：复杂性（教师学习共同体不是一个由个体简单相加的集合，而是具有差异性的个体组成的团体）、开放性（进行开放性的对话与交流）、共生性（对共同体有较强的认同感和归属感）、主体性（尊重成员的差异，强调个体的参与）。[②] 也有学者认为网络环境下教师学习共同体的特征应为：共同的愿景、广域的学习环境、深度的资源共享、多元互助的知识建构。[③]

持五因素观点的有：商利民认为特征包括形成相互支持的交往关系、共同创造与实践、分享价值观和愿景、提供支持性条件、分享知识与经验。[④] 谢明辉指出教师学习共同体具有如下特征：第一，共享的价值观和愿景；第二，集体责任感；第三，反思性的专业探究；第四，合作；第五，

---

① 袁维新.教师学习共同体的自组织特征与形成机制 [J].教育科学，2010（5）：60.

② 江玉印，张英彦.教师学习共同体：教师专业发展的新视角 [J].淮北师范大学学报（哲学社会科学版），2013（4）：144.

③ 何声清，王声.网络环境下的教师学习共同体：特征原则及发展路径 [J].教学月刊（中学版），2014（11）：58–59.

④ 商利民.教师专业学习共同体研究 [D].华南师范大学硕士论文，2005：13.

教师个人和集体的学习都得以促进和提高。[①]张伟认为教师共同体的特点应是统一的目标、积极向上的团队文化、交互性、共享性、共同的文化传统。[②]杨延从等人从群体动力学视角提出，小学教师学习共同体应具有群体内聚力、群体结构、群体目标、群体领导和群体氛围五个特征。[③]也有学者基于网络学习视角提出教师学习共同体的特征为：稳定性、混合性、互动性、协同性、数据化。[④]

根据国内外学者对特征的定义，按特征数量总结下表（见表6-2）。由表可知，大多数学者认同的关键因素主要包括统一目标/共同愿景、积极的学习文化、共同参与、共享实践成果等。本研究在综合分析后更认同德西蒙（Desimone L.M.）在2009年提出的五特征观点，即共同关注的内容、主动学习、与教学实践的一致性、活动的持续性、共同的参与。

表6-2　教师共同体主要特征因素说

观点	研究者	主要特征
三因素	温格	（1）知识的领域 （2）共同关注该领域的人的共同体 （3）为有效获得该领域知识而发展的共同实践
	博耶尔	（1）共同的愿景 （2）教师作为领导者 （3）家长作为合作者
	瓜里诺（2009）	（1）保持高期望 （2）关注结果 （3）建构合作的结构和模型
四因素	维列宁等（2016）	（1）领域与建构的价值 （2）基于教学实践 （3）集体认同 （4）团队组织

① 谢明辉.美国教师专业学习共同体[J].思想理论教育，2011（2）：96.
② 张伟.教师共同体内缄默只是的转化与共享[D].湖北大学硕士论文，2014.
③ 杨延从，黄碧慧.群体动力学视域下农村小学英语教师学习共同体建构的研究[J].教育理论与实践，2016（17）：28-29.
④ 洪东忍.网络环境下教师学习共同体构建研究[J].教育评论，2016（12）：124.

观点	研究者	主要特征
四因素	劳尔和迪安（2004）	（1）分享的目标感和关注学生的学习 （2）协作的活动和去个体化实践 （3）教职员支持与合作 （4）分享的决策
	袁维新	（1）自我认同 （2）自我控制 （3）自我适应 （4）自我发展
	江玉印	（1）复杂性 （2）开放性 （3）共生性 （4）主体性
	何声清	（1）共同的愿景 （2）广域的学习环境 （3）深度的资源共享 （4）多元互助的知识建构
五因素	麦克劳克林和塔尔伯特（1993）	（1）领导层面有发展紧密联系的共同体的愿景和承诺 （2）教学活动中的相互依存 （3）支持和鼓励交流的结构 （4）时间和空间 （5）关注共同体发展，并通过文化符号和活动更新
	路易斯和克鲁斯（1994）	（1）反思性对话 （2）实践的非私有化 （3）关注学生的学习 （4）合作 （5）分享的价值和标准
	霍德（1997，2004）	（1）共享的价值和愿景 （2）协同学习与应用学习成果 （3）共享实践 （4）支持性条件 （5）共享领导权与支持
	维斯特海默（1999）	（1）共享的信念和理解 （2）交往和参与 （3）相互依存 （4）尊重不同的观点 （5）有意义的相互关系

观点	研究者	主要特征
五因素	墨菲和利克（2004）	（1）学生第一 （2）个体参与 （3）实践公开化 （4）共享领导权 （5）共同的责任
	德西蒙（2009）	（1）共同关注的内容 （2）主动学习 （3）与教学实践一致 （4）活动的持续性 （5）共同的参与
	商利民	（1）形成相互支持的交往关系 （2）共同创造与实践 （3）分享价值观和愿景 （4）提供支持性条件 （5）分享知识与经验
	谢明辉	（1）共享的价值观和愿景 （2）集体责任感 （3）反思性的专业探究 （4）合作 （5）教师个人和集体的学习都得以促进和提高
	张伟	（1）统一的目标 （2）积极向上的团队文化 （3）交互性 （4）共享性 （5）共同的文化传统
	杨延从	（1）群体内聚力 （2）群体结构 （3）群体目标 （4）群体领导 （5）群体氛围
	洪东忍	（1）稳定性 （2）混合性 （3）互动性 （4）协同性 （5）数据化

观点	研究者	主要特征
六因素	德富尔和埃克 （1998，2010）	（1）共同愿景、使命和价值 （2）关注学生学习 （3）教学活动中的相互依存 （4）支持和鼓励交流的结构
	哈夫曼等 （2008）	（1）共同价值与愿景 （2）合作学习与应用学习成果 （3）分享个人实践 （4）关系与结构 （5）共享领导权与支持 （6）其他支持
	詹尼弗等 （2011）	（1）共享的信念、价值与愿景 （2）集体学习 （3）同伴分享 （4）支持性的团队结构条件 （5）支持性的关系 （6）共享领导权与支持
	州际学校领 导证照协会 （ISLLC） 墨菲、约斯 特和希普曼 （2000）	（1）推动学习愿景的发展、连接、落实和工作，这一学习愿景为学校共同体所共享和支持 （2）支持、培育和维持有益于学生学习和教职工专业发展的学校文化和教学计划 （3）为了一个安全、有效的学习环境而确保组织、行动和资源的管理 （4）与家庭和小区成员合作，并对多元小区兴趣和需要做出回应，以及动员小区资源 （5）正直、公平和合乎道德的行动 （6）理解、响应并影响更大的政治、社会、经济、法律和文化的脉络
	布莱克斯坦 （2004）	（1）共同的使命、愿景、价值和目标 （2）保证为所有学生的成就创造预防和干预系统 （3）聚焦教与学的协作式团队 （4）运用数据来引导决策和持续改善 （5）获得家庭和小区的积极参与 （6）建构支撑性领导能力

观点	研究者	主要特征
十因素	台湾教育部门（2009）	（1）有共同的愿景价值观与目标 （2）共同学习和探究 （3）分享教学实务 （4）实践检验 （5）有行动力 （6）从做中学 （7）持续改进 （8）检视结果 （9）协同合作 （10）聚焦于学习

（三）教师学习共同体的类型

根据教师形成共同体的目的的不同，学者们对其类型进行了划分。有学者将其划分为任务型学习共同体、互助型学习共同体和互助－任务型学习共同体。所谓任务型学习共同体是指学校内部的有关人员按照共同的价值取向，围绕一定的研究专题定期开展活动的学习组织；互助型学习共同体是指教师根据自身发展需求，借助校内外优质教育资源或网络工具，在共同的学习工作过程中自然形成的以志向性、兴趣性、情绪性、社交性、利害性等为基础的、在与教师合作互动的过程中帮助其完成研究任务的一种组织形式。①

根据我国中小学校现状，目前采用的教师学习共同体类型主要有：集体备课的研课模式、课题合作的教研模式、校内校本教研模式、校际间教师协作模式。② 也有学者将我国教师学习共同体划分为官方组织建立的和非官方自发建立的。其中官方组织建立的以教研组、年级组为代表；非官方主要以教师沙龙为主。③

按照共同体的功能及学习方式，可分为教学改进型、教师发展型、教

① 范丹红. 教师学习共同体的模式与策略 [J]. 湖南第一师范学院学报，2013（6）：50.
② 李惠芳，黄向真. 浅谈我国中小学教师专业学习共同体 [J]. 教育实践与研究，2014（14）：9.
③ 刘东晓. 中学教师教学共同体的创新行为研究 [D]. 苏州大学硕士论文，2016：3.

学研究型三类。[①]

按照教师专业能力的高低，可以将教师学习共同体分为初级教师专业学习共同体、发展型教师专业学习共同体和成熟型教师专业学习共同体。[②]

根据共同体所在区域，可将教师学习共同体分为校内教师学习共同体、区域教师学习共同体、虚拟教师学习共同体。[③]

国内学者将教师学习共同体的类型归纳为以下几种：依据教师学习平台的不同分为实体教师学习共同体（如学校中的教师学习共同体）和虚拟教师学习共同体（如网络的教师学习共同体）；依据教师自身依托的平台的不同分为"同学科"的教师学习共同体和"跨学科"的教师学习共同体；依据研究问题的不同分为基础型教师学习共同体、研究型教师学习共同体和专业型教师学习共同体。[④]

在我国中小学，有很多组织都被纳入到教师学习共同体的范畴，如教研组、学科教学组、备课组、教师研修组织、教师工作坊、教材开发组、学校科研团队、学校领导团队、名师工作室、读书会、教师培训流动学校、国培计划、大中小学合作组织、网络虚拟教师平台等。这些组织一般按照校内组织、大学与中小学合作组织、专业发展、网络组织来划分。[⑤]

尽管教师学习共同体类型多样，但实际上其目的都是为了提升教师的专业能力，因此可以按照共同体的功能来划分。

二、外延问题研究

外延和内涵相对，是指反映事物本质属性的对象总和。如果说概念、特征和类型是教师学习共同体的内涵，那么有关教师学习共同体的建构条

---

① 张莉.专业共同体中的教师知识学习研究 [D].东北师范大学博士论文，2017：23.
② 朱胜晖.教师专业学习共同体运行机制探究 [J].当代继续教育，2018（6）：60.
③ 吴卓.我国教师学习共同体近十年研究进展 [J].山西青年，2018（4）：35.
④ 程琳.专业发展视角下的教师学习共同体研究 [D].曲阜师范大学硕士论文，2012：13-14.
⑤ 曾小丽.生态哲学视域下教师共同体的批判与重构 [D].华东师范大学硕士论文，2016：6-7.

件、运行机制及模式等就是对其外延问题的反映。

（一）教师学习共同体构建的条件

教师学习共同体的建立需要多种资源的沟通协调，因此对于它的构建条件，国内外学者们也进行了深入研究。温格（Wenger）提出实践共同体的三个基本构成要素：一是共同的事业，即共同协商的过程及其所带来的共同的责任、彼此的见的等；二是彼此卷入，温格认为每类实践均有其基本的要素，而这一要素区分了不同的共同体；三是共享的技艺库。三个要素形成了实践共同体的意义协商。[①]（见图 6-1）

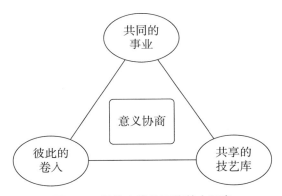

图 6-1　温格实践共同体基本要素

路易斯（Louis）、克鲁希（Krus）与布雷克（Bryk）认为专业学习共同体的建设条件包括结构性支持和社会人力资源的支持。[②]

台湾学者张新仁等对西方国家教师学习共同体的建构条件进行整合分析后指出，建构的因素既涉及共同体本身的组织与运作，也涉及学校行政支持系统等层面。（见表 6-3）

---

① Wenger, E.Community of practice[M].Cambridge：Cambridge University，1998.

② Louis K. S.，Kruse S. D.，Bryk A. S. An emerging frame- work for analyzing school-based professional community[G]// Louis K. S.，Kruse S. D.，Associates F. Professionalism and community：Perspectives on reforming urban schools，LongOaks, CA：Corwin，1995：112-132.

表 6-3　教师专业学习共同体的建构条件 [①]

共同体本身的组织与运作	领头羊	具有良好的专业素养与人际沟通能力，能营造开放、正向、尊重共识的讨论环境
	成员的关系	成员志同道合，有彼此认同的理念，专业上高度信任，愿意坦诚沟通，尊重不同意见，视"同伴间的专业合作"为责任
学校行政的支持系统	适度建立与环境支撑	安排教师共同合作和讨论的时间
		相关的资源和设备：经费、聚会空间、信息设施、图书与网络资源、成员沟通交流的网络平台
		提供学校教职工必要的培训内容
		定期关怀、支持与肯定召集人
		每年安排校内成功分享或对外发布交流的机会

也有学者提出教师学习共同体的构成包括内部建构和外部关照，其内部建构条件包括赋权增能、共享愿景、改善心智模式、团队学习和系统思考等几个方面；外部观照包括观念先行、政策支持、合作文化和突显人本。[②] 还有学者从关系视角指出，教师共同体的建构应满足以下条件：第一，以学生为中心；第二，教师共同体是自由的集体化过程；第三，教师共同体要鼓励教师的异见表达。[③]

（二）教师学习共同体相关机制

通过对教师学习共同体相关机制文献的梳理可以看出，目前的机制研究国内多于国外，而研究重点则集中于实体教师学习共同体机制和虚拟教师学习共同体模式两大方面。

1. 实体教师学习共同体机制研究

实体教师学习共同体的机制研究包括内部机制和外部机制。研究内部机制的学者有刘艳萍等，他们围绕教师学习态度、动力等心理过程研究展

---

① 林美 . 国外教师专业学习共同体研究述评 [J]. 教育导刊, 2013（11）: 39.

② 江玉印 . 教师学习共同体：教师专业发展的新视角 [J]. 淮北师范大学学报（哲学社会科学版）, 2013（4）: 145–146.

③ 王瑞德 . 关系视角下教师共同体的审视与建构 [J]. 基础教育, 2014（4）: 103–104.

开。也有研究指出教师学习态度是教师学习活动的一种内部状态的反应，将直接影响学习的效果和效率。[1] 颜芳玉从自组织理论视角构建了教师学习共同体自组织发生的关键机制，这一机制包括作为教师学习共同体培养基的创生文化、作为教师学习共同体动力源的赋予权利、教师学习共同体自生成的协商对话。[2] 研究外部机制的学者主要观点如下：王天晓从实现教师学习共同体善治的视角构建了教师共同体治理的制度建设模型（见图 6-2），在建立规章制度过程中，学校要与共同体中的教师不断互动和协商，形成一种和谐的交流氛围；规章制度的建立要有学校内部其他各级各类组织的参与，使学校内部各种类型组织间关系协调；另外，制度建立过程中要坚持以教师为本、尊重人性的基本思想；建立反馈机制，将检测 – 反馈模块嵌入其中，深化制度建设。[3]

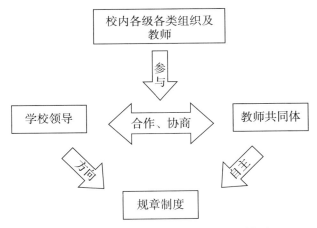

图 6-2　教师共同体治理的制度建设模型

陈瑞指出教师学习共同体运行机制的构建是学习活动实效性的保证，因此构建了包括管理机制、流动转化机制、激励机制和评价机制在内的教

① 刘艳萍，周延勇 . 教师学习态度现状及特点 [J]. 教育科学研究，2007（5）.
② 颜芳玉 . 自组织理论视野下的教师学习共同体建构研究 [D]. 渤海大学硕士论文，2013：23-26.
③ 王天晓 . 试析教师共同体治理的制度建设模型——给予学校制度创新的尝试 [J]. 中国教育学刊，2013（11）：84-85.

师共同体运行机制。[①]

吉秀霞等人从文化生态视角对教师培训的学习共同体进行了建构，该建构包括四个阶段：第一阶段为唤醒阶段，即唤起教师自我发展动能；第二阶段为协作参与式进入阶段，以小组主体交流为主要形式，通过协作关系的建立，提升凝聚力；第三阶段为创生阶段，这一阶段以情境体验为主，从问题出发，引领教师进行反思；第四阶段为行动练习与循环提升阶段，这一阶段主要促进教师从理念到行动的转换。通过四阶段的培训使教师学习共同体中的成员得到有效提升。[②]

杨延从等从群体动力学的视角对农村小学英语教师学习共同体的结构进行研究，从内聚力、结构、目标、领导和氛围五个维度出发，构建了一个包括动力机制、控制机制、整合机制和保障机制在内的运行机制。[③]

朱胜晖提出教师专业学习共同体运行机制是指教师专业学习共同体在实际的运行过程中，影响运行的各要素的结构、功能及其相互联系，是教师专业学习共同体运行过程中"具有规律性的动态调整模式"。具体来讲，即影响教师专业学习共同体的动力、整合、激励、控制、保障等各要素对教师专业学习共同体的运行产生影响、发挥功能的作用过程和作用原理及其运行方式。他构建了一个包括运行动力机制、运行整合机制、运行激励机制、运行控制机制、运行保障机制在内的教师专业学习共同体运行机制。[④]

国外学者在机制构建方面的研究较少，其中较具代表性的是胡弗曼（Huffman）和海普（Hipp）在富兰关于学校变革的三阶段理论和霍德的学习共同体五特征基础上，结合学校的实地调查研究，提出教师学习共同体的形成机制，这一机制包括发起、执行、制度化三个阶段。每个阶段的发展都需要从共享和支持性的领导、共同的价值观和愿景、共同学习和应用、

---

① 陈瑞.构建教师专业学习共同体运行机制 [J].新课程（中），2013（6）：4-5.
② 吉秀霞，邢秀茶.教师培训的文化生态学习共同体建设 [J].继续教育研究，2014（1）：93.
③ 杨延从，黄碧慧.群体动力学视域下农村小学英语教师学习共同体建构的研究 [J].教育理论与实践，2016（17）.
④ 矢胜晖.教师专业学习共同体运行机制探究 [J].当代继续教育，2018（6）：61.

共享个人实践、支持性条件五个维度去开展相关工作。①

2.虚拟教师学习共同体模式的研究

我国学者对于虚拟式/网络式教师学习共同体研究较多，并构建了相应模型。于兰等从网络环境下提出虚拟教师学习共同体模型的构建：以建立资源共享的网络平台为基础条件、以形成共同发展的实践目标为价值驱力、以塑造协作共生的观念为精神纽带、以优化良性的制度环境为支持系统。通过这一自组织形式的虚拟共同体的建构，实现教师的自主提升。②何声清等也对网络环境下教师学习共同体模型的构建提出了自己的观点，他们指出网络共同体应在遵循信任、合作、互惠原则基础上，构建一个包括"精心设计研讨主题，有效利用生成资源；建立规范的领导机制；形成特有的组织文化和行为准则、建立健全有效的评价和激励机制；延伸交流渠道、提供线下交流的机会"在内的网络学习共同体的发展路径。③有学者提出网络学习共同体的研修模式框架，其构成要素包括学习者、助学者、组织管理者、资源、研修活动、工具（认知工具、交流工具、评价工具、协作工具、媒体工具）等。在此基础上根据内容的不同又提出两种模式：面向教学实践和基于课程资源。④

林文婷从群体动力学理论和合作学习理论视角出发，构建了教师网络学习共同体的模型，该模型借助网络平台形成，以成员专业发展为核心，由教师组成团体。这一平台主要由共同体成员、共同愿景、技术支撑、规范约束、共同活动五个方面构成，教师个体通过网络学习交互工具进行学习资源、专业知识和经验的交流沟通，从而实现教师专业发展的共同目标。⑤

史进玲构建的网络学习共同体主要包括平台框架设计、研讨活动安排、

---

① 陈晓端.当代西方教师专业学习共同体的理论与实践 [J].当代教师教育，2011（3）：23-24.

② 于兰，陈仁.论网络环境下教师专业发展的"共同体"及其现实建构 [J].教育科学，2014（6）：48-49.

③ 何声清，王声.网络环境下的教师学习共同体：特征原则及发展路径 [J].教学月刊（中学版），2014（11）：59-60.

④ 华晓宇.基于网络学习共同体的教师研修模式分析 [J].教育评论，2015（5）：73-74.

⑤ 林文婷.大数据时代教师网络学习共同体构建模式探究 [J].教育技术，2016（3）：40.

能力提升方案、反馈评价体系四个方面。①商明杰也提出了教师网络学习共同体的研修模式，该模式以网络为研修媒介、通过助学者和辅导者的引领，学习者和其他成员间协同交流，共同完成学习目标的网络研修模式。这一模式包括六个基本环节：学习共同体的构建（构建学习共同体网络平台、建设学习共同体文化等），准备阶段（了解分析研修目标和研修任务、确定学习主题、根据主题确定具体学习任务等），协同互动阶段（学习者之间互动交流、分享资源、共同解决问题等），助学指导（学习平台操作和学习方法的辅助、技术问题的解答、学术专业问题的解释等），学习成果汇报（完成学习任务、上传作业等），总结评价（学习成果汇报、总体评价、任务评价、问题反馈等）。②

有学者根据哈贝马斯交往行为理论设计了教师网络学习共同体模型，这一模型由"一个中心、四个维度"所构成。四个维度包括：一是工具、技术和媒介，如完备的平台建设、畅通的网络通讯环境等；二是参与者，网络学习共同体的参与成员有组织者（教师）、普通成员（学生）等；三是学习主题，共同体组织者通过网络平台发布关注度高、有明确学习需要的主题，以增强和保持各成员间的联系；四是学习活动，依据不同学习主题开展多样活动来实现网络学习共同体的持续运营，共同活动是凝聚共同体成员的过程体验，是共同体从"资源集散地"转变为"交互参与场所"的重要因素。一个中心是指资源共享，资源共享是网络学习共同体构建和运营的出发点和归宿，丰富多样的资源供给和科学合理的资源流通是网络学习共同体持续发展的重要环节。③

从上述研究可知，实体教师学习共同体大多是从宏观层面对共同体的机制进行方向性的建构研究，而网络教师学习共同体则主要从微观层面对共同体进行模式的设计，重在程序性研究。因此，机制构建更利于对教师共同体建设大方向的指导，而模式建构则更利于具体的操作，其实操性更强。

---

① 史进玲. 基于网络学习共同体的中小学教师专业发展模式探究 [J]. 文教资料，2016：10，121.
② 商明杰. 基于学习共同体的教师网络研修模式研究 [J]. 教育技术，2017（3）：45.
③ 陶佳. 教师交往行为与网络学习共同体构建路径—基于哈贝马斯交往行为理论视角 [J]. 安徽师范大学学报（人文社会科学版），2018（5）：156.

（三）教师学习共同体相关实践案例

教师学习共同体最早做出实践尝试的是西方国家，尤其以美国、英国最为突出。教师学习共同体最经典的案例就是美国德克萨斯州的棉花溪小学（Cottonwood Creek School）。为了教师的发展，该校于 1987 年就与当地大学合作进行专业学习共同体的构建，1991 年得到新校长的大力支持，学校通过"校长热线"和定期的"交流空间"与教职工交流，建立平等信任关系，并注意培养教职工的领导能力，使他们共同参与决策。学校教职员工共同协商制定了学校愿景，并通过每天早晨校长宣读愿景等形式，使所有师生都对学校愿景耳熟能详，而且使每个人都相信，只要大家一致努力，美好的愿景一定能实现。在此背景下，教职工很快形成广泛的协作，激发了学习的愿望。教师们相互观课，分享经验，探讨教学方法。各种研讨会、决策组、论坛、学习小组纷纷出现，教职工协作学习蔚然成风。在此过程中，校长发挥了重要作用。校长不仅尽可能提供时间、场地、制度、资源等支持，确保信息畅通，人际和谐，协作学习广泛、顺利地开展，还亲临教学第一线给予指导。经过六年时间的专业学习共同体建设，棉花溪小学取得了丰硕的成果，学校得到了长足的发展，1996 年该校跃居 65 所优质学校之列，不再是 1991 年的差校。[1]

对于教师学习共同体这一概念的提出，则是 1997 年美国西南教育发展中心首次对专业学习共同体（professional learning community，PLC）进行描述，认为专业学习共同体是由具有共同愿景的管理者与教师组成的团队，他们在合作和持续学习过程中，找到促进学生学习的方式。罗伯茨与普鲁伊特（Roberts & Pruitt）在《学习型学校的专业发展——合作活动和策略》中阐述了专业学习共同体的创建过程，同时对其促进教师专业发展的合作学习活动进行了总结。瑞查德森（Richardson）在《团队学习：共同学习，共同提高》一文中详细介绍了专业学习共同体中教师团队学习的合作机制与活动的选择。[2]

---

① 陈晓端. 当代西方教师专业学习共同体的理论与实践 [J]. 当代教师教育，2011（3）：23.
② 曾晓瑾. 美国教师专业学习共同体实践模式研究 [D]. 上海师范大学硕士论文，2012：3.

美国华盛顿的泰伊中学是较成功的一个教师学习共同体实施的案例。该校每月至少举行一次专业学习共同体会议，形式多样，每次会议大概 90 分钟，主要围绕学生的学业成绩和教师专业成长展开。学校实施过程中，从学习共同体整个系统的组织建设、合作沟通、行政管理和人力资源等入手，同时该校还设计了一系列 PLC 分析表、PLC 任务单等推动学习共同体的实施。值得借鉴的是，该校在实施教师专业共同体建设过程中，一是构建了共同的价值观和愿景，为 PLC 的实施和运行提供了前提和基础；二是形成了良好合作文化氛围；三是强化了合作学习的持续性和发展性，学校为 PLC 提供了适合教师集中学习的场所和机会。[①] 目前很多国内的国际学校也常采用与此类似的教师学习共同体会议去整体提升教师的专业成长。

对于英国而言，其在专业学习共同体建设中做的最为有效的实践就是 EPLC 项目，该项目的有效性主要体现在以下四方面：它能够有效地确认和传达各个层面（国家、地方、学校等）的主要推动以及制约因素，采取何种方法可以给专业学习带来最佳的影响；生成各项原则并且评估模型的普适性和可转换型；引起从业者的兴趣，使他们展开实践；告知校长各项方案和计划。这一有效的专业学习共同体能够切实推动教师以提高学生的学习为共同目的所进行的活动。

项目得以顺利运作的四个关键点主要包括：优化资源和结构、推动个人和集体学习、评估和维持 PLC、领导和管理。可见，一个专业学习共同体能否取得成效是受多方面因素影响的。

目前国内对于教师学习共同体研究，也有聚焦于实践案例方面的，这对教师共同体在学校中的现实推广有重要的意义和价值。比如对于虚拟教师学习共同体的建设，有学校以博客社区为网络平台建立虚拟教师学习共同体，通过让青年教师撰写教学反思日记等方式，使教师专业成长和专业经验得到积累。[②]

---

① 吴艳. 美国教师专业学习共同体的个案研究—以华盛顿州贝尔维尤市泰伊中学为例 [J]. 外国中小学教育，2017（6）.
② 陈勤. 内涵式发展背景下有效学习共同体对教师专业发展的思考 [J]. 中国教育学刊，2018（S1）：200.

对于实体教师学习共同体的建设，目前很多中小学都在尝试并取得了很好的效果。比如上海卢湾中学积极探索跨界教师学习共同体的组织架构，组建了无边界思维坊、酷课创学中心组、科学创智 home、青年教师创意沙龙、1+3+N 工作室等跨界教师学习共同体，采用主题派对式跨界学习、问题研究式跨界学习、体验探索式跨界学习等基本范式开展，使教师的专业成长得到很好的引领和示范。[①]

结　语

从目前研究看，国内外在教师学习共同体研究中都取得了较丰硕的成果，但对于教师学习共同体的研究仍存在一定的局限性。

第一，宏观层面：国外重实证，国内重理论。

纵观国外学者研究，其研究阶段大概划分为以下几阶段：第一阶段为基本问题的澄清，即关于教师学习共同体核心概念、特征、类型等不同视角下的阐释；第二阶段为实践尝试，即在中小学开展相关 PLC 实践活动，在实践中摸索教师学习共同体的有效路径；第三阶段，理论建构阶段，即通过前期的实践转化为相关理论，如机制构建、模式的创建等。国内研究也大致分为以上三阶段，差异性主要在于第二、三阶段：国内第一阶段为基本概念的阐释；第二阶段则为理论构建阶段，包括模式、模型、机制的提出；而第三阶段则为实践尝试阶段，也是将相关模式、机制付诸实际的过程。从国内外研究阶段可以看出，国外研究往往从实践入手，从实践生成相关理论，理论更具科学性和指导性；而国内研究则是先将理论付诸实践，在现实运作中往往会出现脱离实际的情况。

第二，中观层面：研究视角较分散，缺乏基本模型的研究。

目前对教师共同体研究呈多视角特征，比如生态视角、关系理论视角、学习理论视角、网络视角等，并且这些视角的研究都提出了相应的模型和

---

① 何莉 . 构建跨界教师学习共同体的实践研究 [J]. 现代教学，2017（7）.

相关机制，但这些模型和机制都不具有通用性，或者说不能作为一个基本的教师共同体模型来参照。这就使得已有模型缺乏理论基础，所提出的衍生模型的科学性与适用性有所欠缺。另外，教师学习共同体的建立实际上对学校发展与改进都有着重要的推动作用，但目前从学校改进视角的研究较少。目前研究更多是从宏观层面分析教师学习共同体的现存问题，比如政策制度、资源、经费等外部因素，这些往往与国家政策紧密相关，不易改动；而对于共同体构建过程中的内部因素则较少探讨，如学校层面、教师层面等。

第三，微观层面：教师学习共同体构建的基本问题有待进一步澄清。

尽管国内外对教师学习共同体的研究较深入，从不同学科、研究视角都对教师学习共同体的概念、特征等基本问题进行讨论，但仍没有达成一致，也就是说还没有形成教师学习共同体概念的基本体。另外，目前研究中对教师共同体的称谓仍未达成一致，比如：学习共同体、专业共同体、实践共同体等，但实际上这几者是有所不同的。另外，在教师学习共同体机制的构建过程中，国内研究应结合实际，结合学校、教师等多方面因素，而不应照搬国外经验。同时在机制构建之初首先要明确构建原则，它是机制构建需要遵循的基本准则，也是机制能够科学构建的前提。

针对上述研究的局限性，未来可在以下几方面展开深入研究。

第一，明确教师学习共同体宏观层面的设计思路。

任何一种模式的构建或是新样态的试行都需要首先明确设计思路，而这一思路不仅需要有一定的理论支撑，更需要有在实践中试行的可能性。实践生成了理论，而理论则为实践的推进奠定了基础，理论与实践高度契合、相互并行才是教师学习共同体能够有效施行的保障。

在实施教师学习共同体过程中必须明确思路。首先，在宏观层面构建整体框架，明确方向；其次，在实施过程中结合实际情况，将模型精细化，包括一些具体问题的解决等；最终在理论指导与实践试行中构建合理的教师学习共同体。

第二，构建科学系统的教师学习共同体机制。

首先，明确机制构建的相关原则。教师学习共同体的构建应遵循人本性、价值性、合理性和互动性原则。人本性原则，教师学习共同体的参与者即学校中的教师，也就是说共同体的构建都是围绕人展开的，因此在进行相关机制的构建过程中，必须遵循人本性特征，以教师的需求为核心，开展相关活动。

人本性原则：人本性原则是共同体营造良好学习氛围的前提保证，正如马斯洛的需求理论，受到尊重是人的最基本需求，而教师在加入一个新团体或组织进行活动时，自身需求得到尊重和满足将更利于他们主动积极地参与其中。

价值性原则：价值是客体属性对于主体需要的一种满足关系，也可以理解为物对人的有用性或意义。因此，教师学习共同体活动主题的选择必须要具有一定的价值性，也就是对教师能力、学校发展等因素而言是有正向价值的。比如，通过学习共同体的构建提升教师的教学能力、科研能力、凝聚力、合作能力、领导力等；或是通过学习共同体的形式促进学校的发展改进。因此，学习共同体活动的主题选择必须坚持价值性原则。

合理性原则：合理性原则是指学习共同体的内容安排要具有一定的合理性。内容的难易度、层次性及活动频率均需符合参与者能力水平，以防给参与者带来负担。尤其共同体在进行网络学习时，网络平台资源内容较丰富，来源较复杂，在开展学习之前必须对内容进行合理性筛选，从而使学习内容达到最好效果。

互动性原则：学习共同体作为一种群体式的活动方式，学习就是在互动中进行的，因此参与者之间的互动是保障共同体学习顺利进行的前提。另外，互动也是参与者之间分享知识、技能和资源的最高效的方式，是提升教师共同体学习效果的有力手段。

其次，构建科学系统的教师学习共同体机制。教师学习共同体机制并不是一个单一机制，而是由若干子机制构成。按照教师学习共同体建立过程可划分为构建前、构建中和构建后三个阶段，每一阶段对应一个或几个子机制。因此，教师学习共同体应由目标机制、动力机制、调控机制、评价和反馈机制四个子机制组成。

目标机制，即教师学习共同体在构建前必须明确目标，也就是为什么要建立这一学习共同体，是基于人的发展还是学校的发展，抑或是相关政策的要求，其中人和学校均属于内部因素，而政策属于外部因素。这一机制可用 SWOT 分析模式来确定，从而根据目标确定参与者、参与内容、参与形式等。目标机制在整个机制构建中主要起导向作用。

动力机制，即激发共同体成员参与的内在动力和外部动机。共同体成员动力的激发既包括个体也涉及群体，一是共同体的建立应与参与者的外部动机相匹配，要能够满足参与者的个体需求，使参与者作为个体愿意参与到共同体的学习中。二是激发群体的外部动机，通过一致性目标的设定激发群体的学习热情，培养成员树立群体目标，并为之奋斗。动力机制在整个机制构建中主要起助推作用。

调控机制，即机制运作过程中需要根据学习共同体的运作情况对制度制定、内容设置、活动方式等进行调整，以保障整体目标的达成。这其中既包括对人的调整，比如参与者之间互动性、和谐度、心理状态等；也包括对事的调整，比如主题的设计、内容的选择、形式的改进等。调控机制属于重要的过程机制，对学习共同体的顺利执行起重要的调节作用。

评价和反馈机制，即对教师学习共同体的活动进行相应的过程性评价和结果性评价。学习共同体的组成大多以自愿为原则，强制性和服从性色彩较弱，因此要设定相应的评价标准和体系，保证学习共同体的效果，促进参与者的自我评价和提升，当然，在这个过程中要对各个参与者实行相同的衡量标准。评价机制属于结果机制，在整个机制构建中起监督反馈作用。

第七章　教师学习方式的变革

刘胡权

　　中小学教师学习方式的选择首先取决于其职业特征，中小学教师需要不断地学习，需要在学习中发展，这是由教师职业内在特征所决定的，可以说是教师职业的应有之义，选择了教师这个职业，就选择了终身学习的学习方式。其次，取决于其成人学习的特征。教师的学习不同于儿童的学习，必须遵循成人学习的基本规律。一般而言，成人学习是根据个人的认知兴趣，为了获得更多的职业认可度，为获取新知、增进技能、充实自我、完善自我而开展的学习活动。这种学习往往是为了提高职业能力、掌握职业技能、获得职业资格、取得职业晋升、实现职业转换的学习。当然，成人有时候也通过学习活动，来克服职业生活的局限性，扩大自己的社交关系圈，结交更多朋友、寻求友谊，逃避单调职业生活的烦恼，不断丰富和扩大自己的思想认知领域。核心素养时代的到来要求教师必须在整个职业生涯阶段不断学习，更新学习方式，才能紧跟时代的发展与教育的变革。本研究主要对国内外有影响力的学术期刊进行搜索，搜索内容包括教师在线学习、网络社交平台、教师专业发展等关键内容。中文期刊主要是通过中国知网（CNKI）就学术期刊、硕博士论文以及会议发表论文进行关键词检索。

一、"以学习者为中心"的教师培训

　　教师培训，就其本质和核心要义而言，就是引导教师学习。教师培训是一种特殊的学习方式，教师是学习的主体，引导其主动地参与学习，通过培训让"教师学习"真正发生，确立这样的认识，可以帮助我们更好地认识教师学习特有的追求、特殊的方式、特别的过程。

长期以来，教师专业发展方式遵循的逻辑是科学主义—技术理性—技术专家，期望通过建立与自然科学工作者一样有权威的客观教育科学规律，以及与之相应的教育规律、操作技术和规范来实现教师的专业化。可是，工具理性忽略了教师作为主体的内在根本需要，这种忽略是教师专业发展低效的根源所在。事实上，教师是主体性发展的人，人是学习者。只有调动起教师的自主性，他们才能成为有意识的教育工作者，才能主动地反思、检视自身的教育教学实践，并不断地要求自我提升，实现自身的专业发展。21世纪以来随着学习领导理论的发展，教师成为学习领导者已成为教育改革的方向，也是国际上推动教师专业发展的方向。教师必然是一名学习者，有效的教师专业发展应将教师视为学习者，尊重教师作为学习者的自主权。教师学习者角色使教师同时成为领导者和学习者，在引领自身学习的同时引领学生的发展。

（一）存在的问题 ①

首先，"教师作为学习者"的聘任制度尚不健全。培训对象自身不是学习者，也就是一些在职的教师本身不是学习者。教师培训的对象是教师，理论上应该是只有优秀的学习者才能成为教师，才会在随后的任教过程中接受教师培训。但是现实的师范教育以及教师聘用机制，造成了一批本身就没有强烈学习意愿、没有终身学习热情与习惯的人员进入了教师队伍。现实中，一些人不是特别热爱教师行业，没有意识到教师是一份需要时刻学习、时刻提升充实自己的职业，只是在就业压力较大的现实背景下选择了教师这一行业。当前的教师选任制度，是具备教师资格证书、通过教师选聘的笔试和面试等程序即可录用。短暂的面试，很难深刻地考察到选聘对象是否是一名真正的学习者。在这样的聘任机制下，一些对教师行业要

---

① 朱忠明，常宝宁.学习者中心：中小学教师培训的转型发展[J].中国教育学刊，2018（4）：76-80.

求认识不够的人员就可能成为教师群体的成员，这势必会给教师培训的有效性增加难度。毕竟无论培训体系的设置多么完善，如果作为培训对象的教师是不爱学习的，那么就将会形成非学习者中心的教师培训机制，进而也会致使教师培训效果低下现象的发生。

其次，"教师作为学习者"的管理与评价制度尚不完善。教师不爱学习是一种现时性的结果，而这种现时性的结果一方面是教师最初就不爱学习导致的，另一方面可能是教师进入教师行业之初是爱学习、愿意学习的，但是入职之后，烦琐的工作、学校的规训制度等在一定程度上抑制了教师的学习者潜力，教师身上原有的学习者身份被逐渐淡化甚至消除。如学校管理系统性的缺乏，往往带来学校工作的碎片化、负担化。学校开展很多活动，却因学校工作缺乏核心目标的引领和系统规划，教育质量没有太大提升，反而给教师增加了很大的负担。学校评价中采用"唯分数"标准考核教师，在"唯分数"这一评价方式的倒逼之下，教师的出发点可能就演变成机械地琢磨怎样让学生取得更高的分数以应付学校的考核，获得学校领导、学生家长等的认可。一方面，中小学教师要疲于应付教育教学的沉重负担；另一方面，家长、学校等对教师的教学结果要求与期望更是强化了教师要成为优秀的教学者的决心。教师一旦被这些思想裹挟着，他们就会将自己教学的重心偏在"教"上而常常忽视"学"。此外，学校优秀教师的评比、教学能手的选拔也是以教学为主，甚至只看教师的教学，教师评价的教学中心导向使学校沉浸于一种机械地改进、提升教学的文化中，教师的学习者身份在这种文化中渐渐被淡忘。

最后，"教师作为学习者"的培训模式尚不合理。国内外相关研究发现，大量的教师培训活动是以外部力量推动为特点的，活动目标是满足各类教育改革提出的要求，教师发展缺乏教师自身生成的领导愿景。当下我国的教师培训也多是在外部力量的推动下进行的，教师培训中也暴露出了教师学习动机不强、参与积极性不高等问题。教师培训组织部门在努力改进、完善自身的内容体系，以做到具有更强的针对性，培训机构在每次培训过程中会增加需求调查与培训效果反馈的环节，调查方式多为问卷调查，调查的题型主要为列出一些学习内容的选项，让培训对象选择。当然，也会有个别的开放性问题让培训对象进行填写，但是这种行为的思路是针对问题去解决问题，解决问题的假设是培训机构提供的菜单不符合培训对象的口味，然后列出更多选项菜单供培训对象选择，而忽略了培训对象是否真正感觉到饥渴、是否愿意进餐。即目前的基于培训对象需求的教师培训方式，对培训中所存在问题的原因挖掘还不够充分与深入。因此，这样的外力推动的、菜单提供式的教师培训实质上并没有调动起教师学习的主动性与积极性。

（二）"学习者中心"的建构路径

教师专业发展应该从被动培训走向主动学习。放眼国际，当前教师专业发展的范式已经从"培训问题"转变为"学习问题"，已经开始关注教师在专业发展中的主动性。而基于促进我国中小学教师专业发展的教师培训，应该关注到教师的学习者本质，将教师当作一个具体的人来看待最为重要。教师作为学习者，其学习的条件与学生所需要的学习条件是一致的。倘若教师在接受培训时没有学习者的身份认同与学习条件，会导致建立起的学习关系太弱，学习效果太差，学习并不会真正地发生。要提升教师培训的效果，既要积极塑造教师的学习者角色，又不能在日常的教育教学工作中消磨教师的学习者角色，同时还不能等教师成为学习者之后再让其接受教师培训。教师培养单位、教师考核认定部门、教师任职学校、教师培训部门等要多管齐下，共同打造学习者角色认同。

首先，教师学习是一个主动建构实践知识的过程，是基于现实问题的学习，他们往往会主动将自己的课堂和学生作为探究的场，教师学习也是一个知识创造的过程。教师学习必须在工作场景中发生，需要从个人经验中学习。作为成人的教师，已经形成相对成熟稳定的认知结构，一般很难改变固有的认知结构，这就导致了教师在学习过程中，纯粹的讲授式、接受式学习很难顺利发生。教师不喜欢听讲式地接受学习，但是喜欢回忆或讲述个人认知经验，这就需要引导教师在经验分享过程中开展反思性学习。教师在教育实践中积累了丰富经验，这些经验是教师学习的宝贵资源，积极地分享经验对教师学习来说，具有重要的意义，通过分享他人成功的经验，可以使教师认识到自身的不足，选择性地借鉴和吸收他人正向的经验，解决自己的问题，通过相互影响、加深了解、得到启发，把分享的内容内化成自己新的经验。同时，教师也可以把自己的成功经验分享给其他人，从而得到外界的认可和重视，使其产生强烈的满足感和成就感，从而达到有意义学习。

作为成人的教师，具有很强烈的自我约束力，自律性比较高，一般善于从成功案例中学习，组织教师观察体悟他人的工作经验，需要在分享他人经验分析论述的过程中，完成自我提升性的学习。教师善于从项目任务中学习，成人的任务是工作，需要在完成某一种工作任务过程中，"被迫""被动"地学习，让学习在完成工作过程中"潜移默化"地发生。教师善于从错误矫正中学习，失败中的学习经验比成功的学习经验更加刻骨铭心，自我错误回避、矫正本身往往是教师最好的学习。教师具有较强的阅读能力，能够开展从阅读领悟中学习，阅读是教师真正的信息来源，是教师的生活习惯，更是教师的学习方式。[①]

其次，学校可以通过校园平台给教师提供学习的资源与机会，如通过实验、探究、写作、对话与质疑等方式让教师变成更加主动的学习者，通过让教师写教学日志、做教学档案、写教师自我成长史、参加案例的研讨会等方式引导教师反思自身的教育教学，让教师在主动学习中反思，在反思中主动学习，进而让教师的主动学习者与反思者角色名副其实。

最后，在场研修，是指为提升学习者的知识与技能，有计划、有组织地深入教育现场开展学习与研究的一种教育形式。在场研修提供的是一个问题场、学习场、思维场。它具备三个特点：一是以教师的实际需求为导向；二是以卷入式研修促进教师的主体参与和体验，使教师获得涵养教学力的最直接体验；三是聚焦师生真实教学场景中的真实问题；四是营造裹挟身心的场域，在研究中不断地修炼。在场研修，源自教师的主观需要，因此吸引了教师全身心地投入。正因为有了教师的主体参与，因而很大程度地破解了传统研修活动高控制、缺自主，个体化、缺合作，冷漠化、缺

---

① 吴颖惠. 建立基于项目研究的教师学习共同体 [J]. 中国教师，2017（12）：15–19.

温情，随意化、缺效率等问题，有效促进了教师的主动化、协同式发展。常见的教育现场有这样四种类型：第一种，教师自己每天的教学现场；第二种，同行教师的教学现场；第三种，学校教研组、备课组的日常教研活动现场；第四种，各种培训、讲座现场。[①]

培训机构的首要工作是实现中心的偏转：从以培训对象需求为中心，转向以教师学习者角色为中心，即将工作方向转变到教师学习者中心上来，先将教师培养成为一名学习者。其次，教师培训机构在培训方案的设计上，应以培训学习者为取向，进而在培训课程的设置、培训方式以及评价方式的选择上，都应坚持这一价值取向的引领。在教师培训方式的选择上，要时刻记住教师是主动的学习者，不是被动的被培训者，要想方设法调动起教师主动学习的积极性。例如，可以通过参与式培训的方式，让教师从被动培训者走向主动学习者。在教师培训的评价方面，不仅关注教师通过培训学到了什么，还要关注教师学习的积极性与主动性在培训中是否得到了调动、在多大程度上得到了调动以及教师是否意识到自我学习提升的必要性等内容，希冀将教师的学习上升到文化自觉的高度，让教师的主动学习成为一种自觉的活动。

此外，培训政策的设计取向，对于整个教师培训工作，发挥着一种引领性的作用。现有的大部分教师参与培训所基于的假设是：中小学教师需要提升、需要接受培训，需要接受来自大学教授、教研人员等给予的教育教学理论知识和教学技能的指导。正因为大部分教师培训是在这样的预设下开展的，很多研究者对于培训所衍生出来的问题，从培训课程、培训方式与评价等培训自身找原因。当然有些研究者也尝试从培训对象出发寻找问题，从研究培训对象的选拔以及分布结构上找问题。不过整个培训忽略了教师是否是个愿意主动接受培训的能动学习者。今后的培训政策设计取向要转为教师学习者中心，让教师成为一名学习者。在教师学习者为中心的教师培训政策设计下，培训课程也应作出相应的调整，不仅仅是教育教学知识与技能的传授，也应有学习心理等方面的引导，完善教师的学习认

---

① 任卫兵 . 在场研修：提升教师学习力的重要方式 [J]. 江苏教育，2018（7）：38.

知，提升教师的学习意愿。教师的学习是自我导向的学习，教师需要拥有学习的自由以及自我负责的观念。

（三）基于"互联网+"的教师培训优化

随着互联网技术的发展，基于"互联网+"的教师培训发生了很大变化，它是以学员为中心，重点关注"学"；可实现大规模、低成本的远程研修，学习时间灵活，突破了培训的"时空限制"，极大缓解了学员的"工学矛盾"；可实现校本研修的常态化，学员可"按需点菜"，学习的交互性强，真正满足不同学员的个性化自主学习要求，切实提高了培训的针对性和有效性。

表 7-1　传统与基于"互联网+"的教师培训主要特征比较 [①]

	传统教师培训	基于"互联网+"的教师培训
培训理念	以专家为中心，关注"训"	以学员为中心，关注"学"
规模与成本	规模小，成本高	可实现大规模，低成本
培训时间	时间固定，短期性	时间灵活，可常态化
培训形式	面对面班级授课	可远程，师生分离
培训课程	统一、固定	可实现个性化菜单制
培训交互	交互性弱	交互性强，如 P2P 交互等

1. 存在的问题

基于"互联网+"的教师培训是新生事物，还在探索生长期，没有形成稳定的形态和成熟的模式，因此也面临一些亟待解决的问题和挑战。从"学习者为中心"的角度出发，主要有以下三点。

（1）学习网络化，监管难度大。由于基于"互联网+"的教师培训大量使用远程培训的方式，学员学习地点和时间都不固定，加上"学员主观内需弱、工作量繁重、平台交互差、学用脱节、评价压力低等系列因素导

---

① 王庭宇.嬗变与重构：基于"互联网+"的教师培训优化策略[J].中小学教师培训，2018（2）：29-31.

致了学员学习动力的缺失",这样管理的难度就比以集中面授为主的传统培训大很多。在网络虚拟空间中,学员在自由、松散的环境下进行自主学习,没有他人的现场监督与提醒,很容易产生惰性,从而产生挂机"假学习"的现象。虽然现在有些培训中采用一些技术手段来防止这种现象,但还是"简单粗暴",难以实现全面、有效的监管。

(2)学习浅表化,效果难保障。学习碎片化是"互联网+"环境下教师培训的重要特征,这正适应了互联网时代人们时间碎片化的客观要求,极大方便了学习者,有效避免了"工学矛盾"。但另一方面,这种不连续性的学习也容易割裂学习的系统性和内在联系,导致学习的不完整性和浅表化,学习者往往容易陷入学习的怪圈:只关注学习的"点",而忽略了学习的"面",难以真正开展深度学习,更没有时间和推动力对问题进行深入思考和研究。对于网络课程、网络作业、网上交流,学员往往止于应付式地完成任务,而没有真正关注学习的质量,从而使培训的效果难以得到保障。

(3)学习自主化,引领难到位。"互联网+"环境为教师学习实现自主化、个性化提供了技术条件,学员不需要像在传统培训中那样"被动"接受固定的专家和课程,而是可以在网上"超市"根据自己的偏好和需要自选课程,独立学习。在这种条件下,大部分时间学员没有专家面对面的引导,这就对学习者的信息甄别能力、自主学习能力提出了较高要求。对于某些自主学习能力强的学员来讲,这可以让他们突破传统课程的藩篱,提高学习的效率,但对于某些刚入职或自主学习能力较弱的学员来讲,缺少专家面对面的引领和适时指导,对学习资源和各类信息难以整理和消化,学习效果可能就会打折扣。

因此,"互联网+"环境下的教师研修方式是指依托现代信息技术手段,开发和利用网上教育资源,建立开放、交互动态的网络教研平台,实现相互学习、交流、共享,促进共同提高的一种新的研修形式,它是对常规教研的补充、改善和超越,是教师专业成长必不可少的研修方式。这就需要优化培训需求调研,优化培训课程,课程资源开放化,课程形式多样化,课程内容菜单化;优化培训教学,重构教学生态,重建教学模式,拓展教学工具;优化培训管理,建设智慧校园,优化管理方法。

2. 混合式培训

随着人类从工业时代步入信息时代，我们的教师培训模式也必须与时俱进。从传统的面授学习方式到在线学习（E-learning）方式，再到现在的混合式学习方式（B-learning），经历了一个螺旋式的上升过程。从目前来看，混合式学习的实施对管理者、培训者、教师、网络平台、课程资源、线下与线上整合等方面均有较高的要求，实施过程中存在的主要问题包括三个方面：过度强调学生的主体作用，导致教师角色定位不够准确；现场学习与在线学习同时进行而导致学生自主学习能力下降；技术在学习过程中的应用过于复杂，导致混合式学习流于形式。不难看出，如果要有效地在教师培训中实施混合式学习方式，一方面需要根据多方需求设计出一个适合本区域教师培训实际情况的，能将线下与线上方式有机融合的，能把管理者、培训者、教师等相关人员密切连接在一起的，满足多方利益需求的网络培训平台；另一方面需要充分利用网络平台的优势和特点形成高效的应用机制和策略。因此，在混合式学习方式下一个面向区域教育并兼顾管理、培训、学习的综合网络平台的设计与应用成为当前教师培训的一个关键性问题。

北京师范大学的何克抗教授认为，"混合式学习就是要把传统学习方式的优势和 E-Learning（即数字化或网络化学习）的优势结合起来；也就是说，既要发挥教师引导、启发、监控教学过程的主导作用，又要充分体现学生作为学习过程主体的主动性、积极性与创造性。"上海师范大学的黎家厚教授认为，"混合式学习是对所有教学要素进行优化选择和整合，以达到教学目标。"以上这些定义，已经获得大多数研究者的一致认同。无论国内外如何定义混合式学习，但有一点可以肯定的是混合式学习方式充分利用技术将人与人更加紧密地联系在一起，实现更高效的学习。

人们将混合式学习理论用于培训就产生了混合式培训。混合式培训模式是指综合运用不同的教学理论、不同的技术和手段以及不同的应用方式来实施教学的一种策略。它主要包括学习环境、学习方式、学习风格和学习资源的混合。混合式培训模式能根据实际条件灵活机动地安排活动时间、活动内容，能针对每位学员的个性特点加以安排，做到培训个性化。基于混合式学习方式的教师培训改变了培训者教的方式和学员学习的方式。混合式学习强调将线下和线上学习有机融合来提升学习效果，所以对于一个较小的区域来说，更便于混合式学习方式的实施并发挥在教师培训中的优势。但其有效实施还需要进行教学过程和教学资源的开发、设计、应用、管理和评价，这都是教育技术学所研究的范畴。

混合式培训要求实时学习与异步学习相结合、自主学习与专家引领相结合、协作交流与个人反思相结合、过程评价与结果评价相结合，这些都需要一个功能完善、操作便捷、用户体验较好的培训平台做支撑。一般来说教师培训平台由课程开发系统、教学支持系统和教育管理系统三个部分组成。目前国内外的培训平台存在的主要问题包括：网络教育平台功能泛化、学习评价方式不恰当、交互性功能不足、网上答疑功能不够完善、功利性强、缺少线下学习与线上互动相整合的功能等。

目前以教师学习为主的网络平台主要有：国家教育资源公共服务平台、中国教师研修网、中国教师教育网、全国中小学教师继续教育网、奥鹏教师培训网，主要用于教师的培训与研修，互动功能较强，但学习资源质量不高，区域管理功能缺乏，应用持续性不强，无法形成教师专业发展的成长档案。另外一些依托全国性平台建立的省级教师研修系统也开始进行应用，例如：浙江省教师培训平台、安徽省教师继续教育平台等。地域性的平台中比较典型的是乐山师范学院中小学教师网络研修社区，它将指导专家和参培教师组织一起，通过多种形式的在线互动方式，有效促进教育经验的交流和教育资源的分享。

二、教师非正式学习

置身"互联网＋"的时代背景下，无论从社会发展的角度，还是从课堂改革的角度，抑或从教师专业发展的角度，又或从学生发展的角度，学习都是中小学教师适应社会变革的关键能力，是其生存和发展的根本方式。提及教师学习，既包括自上而下的正式学习，也包括自下而上的非正式学习。非正式学习是教师以内在的"自我"为向度，基于解决实际问题、追求自我实现的需要而在日常工作和生活中自我组织、自我决定、自我激励的自下而上的学习活动，其本质是教师专业思想的深化、专业知识的丰富、专业技能的提升及专业情感的升华，是中小学教师提升专业核心素养，实现专业发展的有效路径。如果说，教师正式学习是通过外力去推动教师的发展，教师非正式学习就是教师用自己的内力而获得发展。对教师发展而言，外力自然不可缺，但内力才真正是关键。

（一）面临的困境 [1]

1. 动力不足

有研究者认为，学习动力系统是由学习需要、目标（动力的源泉和核心）、自信心（动力的支撑、调节器）、情绪情感（动力的激励、促进器）等要素组成的复杂结构，学习动力的形成过程是动力内化过程和外化过程的统一。而无论是学习动力的内化过程还是外化过程，都需要实现学习需要、目标、情绪情感、自信心的有机统一，才能保证学习动力系统的有效运转。学习动力是中小学教师非正式学习的关键，也是影响中小学教师非正式学习成效的重要因素。有研究表明，学习动力影响人们愿意投入学习的时间。然而，当前中小学教师普遍存在非正式学习动力不足的问题，部分教师将自身专业发展定位于达到"合格教师"的水平，在教育教学中得过且过，没有非正式学习的需要；或虽有学习需要和目标，但受内部因素（如自身学习能力、个人可支配的学习时间、有效的学习途径等）、外部因素（如学校发展愿景、学校领导者的领导风格、教师文化等）的制约，教师缺乏强有力的自我效能感，对自身的学习能力缺乏科学的认识，学习信心不足；受学习需要、目标、自信心、外部环境等因素影响，作为学习动力重要组成部分的情绪情感在教师非正式学习中的正向作用也难以有效发挥。如前所述，学习动力系统的有效运转，离不开学习需要、目标、情绪情感、自信心的有机统一，其中任一要素的缺失或未能有效发挥作用，都

---

[1]　杨登伟，杨晓平."互联网+"背景下中小学教师非正式学习的新方式 [J]. 中小学教师培训，2019（1）：32-35.

会影响学习动力系统的运转。非正式学习动力不足，直接影响中小学教师的学习行为，导致教师不愿进行或者消极进行非正式学习，因此，非正式学习在促进教师专业发展中的作用也难以彰显。

2. 学习方式单一

现代知识传播的沿革历程大致可分为印刷阶段、电子阶段、网络阶段。近年来，互联网的飞速发展极大地改变了知识的传播方式，知识传播方式的变革过程也反映了中小学教师非正式学习方式的变革过程。在知识传播的印刷阶段，中小学教师非正式学习的途径较少，主要借助书籍、杂志、文件、图纸、海报等纸质传播媒介进行学习，由于纸质传播媒介的成本较高、获取途径有限，所以教师非正式学习的学习资源非常有限。当然，这一时期，教师也可获得来自同伴群体和少数教育专家的指导。在知识传播的电子阶段，中小学教师非正式学习的方式得到很大的扩展，电子书、电子图书馆、电子期刊等电子出版物的发行，不仅扩充了学习资源、降低了学习成本、推进了知识更新的速度，也加大了教师非正式学习方式的选择性。在知识传播的网络阶段，海量的学习资源、个性化的学习设计、丰富多样的知识表征方式、实时互动的合作交流平台、及时有效的学习反馈机制等，扩充了教师非正式学习的方式，极大地满足了教师多样化的学习需求。从中小学教师非正式学习方式的变革过程来看，在知识传播的印刷阶段和电子阶段，中小学教师非正式学习的方式较为单一，而且学习内容表征方式的相对单一、学习交流场域的有限性、学习效果的相对滞后性、学习资源获取的高成本等，制约了教师非正式学习的积极性和主动性，也影响了教师专业发展。直到知识传播的网络阶段，尤其是"互联网+"的飞速发展，才使得中小学教师非正式学习方式由相对单一开始走向多元。

3. 城乡差距大

受城乡二元户籍制度的影响，我国城乡之间存在较大的差距，这种差距在中小学教师非正式学习中也得到充分的体现。首先，在时间投入上，受学习观念、外部保障条件等因素的影响，总体而言，乡村中小学教师在非正式学习时间投入上要少于城市教师。其次，在非正式学习方式上，与城市教师相比，乡村中小学教师非正式学习方式较为单一，主要以书籍、报纸、杂志、电视、教师同伴交流讨论等为主，接受教育专家的指导和帮助较少，且由于受到乡村教师信息检索能力相对较弱、乡村学校信息技术平台建设不完善等因素的影响，乡村中小学教师获取学习资料的途径受到很大限制，进而影响了乡村教师非正式学习的有效开展。再次，从生存状态来看，受自身经济状况、个人观念、社会地位等影响，很多乡村教师仅仅将教师职业视为"谋生的饭碗"，有人甚至将乡村教师称为"边缘化的打工者"。较低的工资收入和社会地位、职业上升空间的有限性、专业发展保障机制的欠缺、对打造优质乡村教育资源的重要性和紧迫性认识不到位等现状，使得乡村中小学教师非正式学习的动力严重不足。相比较而言，城市中小学教师拥有较好的福利待遇、较高的经济基础和社会地位，再加上良好的学习保障条件，使得城市中小学教师对专业提升有更迫切的需求，更愿意也有更多的机会发起非正式学习。

（二）非正式学习的建构 [①]

1. 意义建构中的教师非正式学习

美国心理学家奥苏贝尔提出："有意义学习过程的实质就是符号所代表的新知识与学习者认知结构中已有的适当观念建立非任意的和实质性的联系。"换言之，有效的教师非正式学习是教师有选择性地对那些能够与原有知识结构中的旧知识发生逻辑联系的新知识进行建构的学习。这种学习的发生需要两个条件：其一，教师非正式学习所选择的材料必须具有逻辑意义；其二，教师必须要具有进行有意义学习而非机械学习的心向，积极把新知识和原有认知结构中的旧知识联系起来，使旧知识得到改造，新知识获得意义。概言之，有效的教师非正式学习可以通过有意义的学习而实现。例如，有意义的阅读、听课、观看电视节目，就是一种健康、生态、有意义的非正式学习方式。

2. 多元开放中的教师非正式学习

我国基础教育新课程改革提出的一系列新理念不仅改变了学生的学习

---

① 杨晓平，郑枫．教师非正式学习实践方法的生成路径 [J]．教师教育论坛，2017（12）：31-33.

方式，也改变了教师的工作方式和学习方式。教师不只是活跃在教育教学实践第一线的"教育实践主体"，而更应该是有思想、有尊严、有智慧的"教育研究主体"。教师不只是知识的"消费者"与"传播者"，更应该是知识的"生产者"和"创造者"。教师工作在教育教学的第一线，每天遇到的新情况、新问题层出不穷，教师要解决各种问题，就必须要有自己的观察、感悟、思考与研究。基于此，有效的教师非正式学习必须有开放多元的学习方法。例如，有意识性地观察"重要他人"，及时记录对教育教学事件的感悟、思考与建议，在真实的教育教学情境下做研究。

3. 实践互动中的教师非正式学习

教师职业既具有极强的实践性，也具有极强的人文性。因此，一方面教师非正式学习不是脱离教育教学实践情境的纯理论学习，而是基于真实的教育教学情境的实践性学习。正如海德格尔所说："只有实际参与活动才是最根本的学习，它优先于任何反思。实践世界是复杂的、动态的，不是任何正式理论能捕捉的。"另一方面，教师非正式学习不能是孤立进行的，应该是在社会文化的真实性情境中，通过积极参与群体学习，与人合作、互动的方式进行的。正如维果茨基所认为的，人类的学习发生在人与人的交往过程中。所以，在教育教学实践情境中与他人互动也是教师进行有效的非正式学习的方法之一。例如，与同行交流，向他人请教，情境互助。

不同类型知识和教师个体成功经验的分享与流动，是教师充盈认知结构、摆脱先验偏执的内在要求。"独学而无友"则"孤陋而寡闻"，中小学教师群体受文化传统与交往模式等因素影响，不善于甚至不屑于向同行"请教"的现象客观存在着。教师拥有教育教学知识，具有公共性知识特点，但在市场竞争性机制下，学校与教师之间存在难以共享原创性知识、有效经验的现象。同时，高等院校与科研机构的专业人员形成理论知识"场域"，基础教育领域的教师形成实践知识"场域"，彼此缺乏进入对方"场域"的兴趣、动力和机制。在教育理念与实践不断创新的时代，教师培训通过组织化的交互学习，推动实践与理论知识"横向"交织与"纵向"联通，是促进教师发展、缩小城乡差距、全面提高教育质量的重要途径。①

---

① 李源田，杨晓峰. 中小学教师培训基本问题探讨 [J]. 中小学教师培训，2018（2）：1-5.

4. 自我导向学习

教师学习在研究之初是内嵌于教师专业发展的研究之中，到 20 世纪末才逐渐成为一个新兴的研究领域。如戴·克里斯托弗（Day.Christopher）使用"专业学习"代替"专业发展"的概念；"教师的发展过程，实际上也是教师的学习过程"。从"教师专业发展"到"教师学习"的转向，主要是受终身学习理念和成人学习理论的影响，教师学习更强调教师作为学习者的主体作用，强调教师个体的主动性和自觉性。李志凯提出"教师学习从本质上说就是教师的自主学习"，只有充分发挥教师学习自主性的学习才是真正意义上的教师学习，然而目前国内关于自主学习的研究对象主要是学生，研究如何改进学生的自主学习，忽略了对教师自主学习的关注和思考。

诺尔斯（Knowles）认为自我导向学习是一种没有他人的帮助，由个体自身引发以评判学习需要，形成学习目标，寻求学习的人力和物质资源，选择学习策略和评价学习结果的过程。国内学者邓运林认为自我导向学习是成人自行选择学习方法并有效地利用所拥有的学习资源，连续地进行学习活动，以获得最大学习成果的活动。自我导向学习就是学习者根据其自身社会角色、职业特点和个人需求，自主设定学习目标，规划学习过程，寻求学习资源，选择适当学习策略并评估学习效果的过程。

自我导向学习是一种学习方式，更是一种学习理念和学习能力。从研究内容来看，教师自我导向学习研究的内容主要包括：第一，教师自我导向学习倾向性以及学习情况调查分析。徐富明等发现攻读教育硕士的中小学教师自我导向度高，但是存在一些差异性。第二，教师自我导向学习的能力培养和策略研究。李广平提出要激发教师学习与发展的积极性，使教师明晰自我导向学习的一般实施步骤，提高教师自我导向学习的能力。第三，自我导向学习理论对教师专业发展的意义。徐君提出自我导向学习对农村教师具有重要意义，有助于促进农村教师专业成长。自我导向学习是针对行为主义学习观忽视学习者主体地位的情况提出来的，它是在吸收人本主义、认知主义和建构主义的精华的基础上发展起来的。教师需要增强自我效能感，强化自主学习动机；加强学习策略认知，与理论对话、与学生对话、与同行对话、与自己对话，提高自主学习能力；加强教师培训效果，满足教师自主学习需要。

三、基于"互联网+"的教师学习方式变革

教师是一个需要在职业生涯中持续学习才能胜任的职业，其学习方式深受媒体发展的影响。互联网技术为教师的专业学习提供了更为丰富的资源和更大的选择空间，也给教师专业学习提出了新的挑战与问题。"互联网+"是信息技术在创新2.0时代呈现的新形态，"互联网+"学习越来越指向于学习者个性张扬、潜能释放、自由凸显和需求满足的时代价值。在其影响下，中小学教师非正式学习在学习主体、学习内容、学习时空等方面均产生了新的变化。具体而言，学习主体由知识的学习者转为知识的生产者，学习内容由相对单一走向丰富多元，学习时空由相对固定的场域转向超时空。①

2018年，教育部等五部门印发《教师教育振兴行动计划（2018—2022年）》明确提出，实施"互联网+教师教育"创新行动，"互联网+"与教师教育的深度融合，为教师学习提供了新的发展方向和机遇，教师学习也呈现出新的方式。

（一）混合学习

混合学习（Blended Learning）的概念首次出现在印度NIIT公司发表的《混合式学习白皮书》中，该公司将混合学习界定为面对面学习、实时的E-Learning和自定步调学习相结合的学习方式（MerrillMD，2002）。混合学习的本质是把教学过程分解为若干模块，再借助互联网和信息技术平台对其进行不断的优化和重组，以最佳的多媒体形式进行表征，以提升学习者学习兴趣和学习质量（Jennifer Hof-mann，2002）。由此可见，混合学习包括了传统的面对面的学习（也可称为线下学习）和借助信息技术平台的虚拟学习（也可称为线上学习），是现代信息技术与传统教育深度融合的产物。教师与同伴、教育专家间的交流讨论虽能弥补教师知识的欠缺、满足教师进行专业情感交流的需求，但受同伴群体、教育专家自身的知识结构、专业能力、教育情怀、教育信念、所在地域、交流时间等限制，教

---

① 袁德润，张宏."指尖时代"中小学教师专业学习的挑战与应对策略[J].荆楚学刊，2018（1）：59-63.

师与同伴群体、教育专家间的交流学习难以满足教师个体需求。而不受时空限制的线上学习可以弥补线下学习的不足，慕课（Massive Open Online Courses，MOOC）、小规模私人在线课程（SPOC）、各类网络检索工具、云计算、博客、人工智能、虚拟现实 VR 技术、以移动终端设备为载体的实时互动交流工具等，为中小学教师非正式学习提供了海量的、以多种形式表征的、具有个性化的学习内容，能够极大地满足教师的学习需求。而且，混合学习可以对教师的学习记录进行跟踪，帮助教师制定合理可行的学习计划，为教师设计更科学有效的学习方法，对教师非正式学习效果做出及时有效反馈，大大提升了中小学教师非正式学习的效率。

SPOC（Small Private Online Course），小规模私密在线课程，是由美国加利福尼亚大学伯克利分校 MOOC 负责人阿曼多·福克斯（Armando Fox），在对 MOOC 批判和反思的基础上发展而来的学习范式。SPOC 融合了实体课堂与 MOOC 各自优势，采用线上与线下相结合的混合式学习方式。SPOC 将 MOOC 优质的教学资源和便捷的学习工具应用到小规模实体课堂中，借以翻转教学流程，变革教学结构，提升教学质量。SPOC 混合学习范式应用于教师学习，符合当前教师学习规律，具体表现如下。

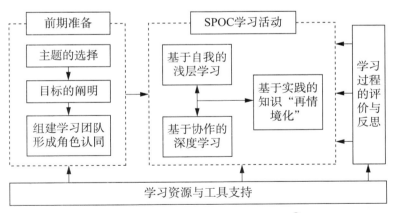

图 7-1　SPOC 混合式教师学习模式 ①

①　周洋，魏笑梅 .SPOC 混合式教师学习的价值意蕴与模式建构 [J]. 教学与管理，2018（4）：59-62.

（二）跨界学习

美国学者李·舒尔曼（Lee S.Shulman）提出，合格教师应具备学科内容知识、一般性教学知识、课程知识、学科教学知识、学习者及其特点的知识、教育环境的知识、教育目标和价值观及其哲学和历史背景的知识等七类知识。长久以来，教师需具备怎样的知识一直是教育界争论不休的问题，但毫无争议的是学科内容知识并不是教师知识的全部，教师需具备多方面的知识，才能成为合格或者优秀教师。随着现代化进程的不断加快，复合型人才成为社会的刚需。所谓复合型人才"是指具有两个或两个以上专业（或学科）的基本知识和基本能力的人才，复合型的实质是打破学科或专业之间壁垒森严的界限，接触并把握不同专业领域的知识及思维方法"。不管是从中小学教师专业发展的角度而言，还是从社会发展对复合型人才的需求而言，跨界学习作为一种新的学习方式，为中小学教师专业发展和复合型人才培养注入了新鲜血液。所谓"跨界学习"是指"跨越不同领域边界的学习，糅合了正式学习与非正式学习、线上 E-Learning 和线下面对面授课、课堂教学与信息技术的多维度边界，覆盖了不同学科、不同场所、不同社会文化"。跨界学习打破了学科、地域、时间、文化等多重限制，为中小学教师提供了广阔的学习视野和学习资源，既能满足教师进行广博或专而精的知识学习的需求，也能满足教师随时随地开展多种形式学习的需求。跨界学习要求教师要具备跨界思维，能够打破传统和常规，具有较强的批判意识和创新精神，多视角、多层面、跨领域思考问题，进而解决问题。

方颖将"跨界学习"思维与中学历史老师专业成长相联系并指出：从职业角度来看，教师的工作要求和工作对象需要教师跨界学习；从学科内容来看，历史知识包罗万象，教师的知识面要开阔；从时代要求来看，教师要具有全球化的视野，不断更新教育理念、教育方式，只有更好的育己才能更好地育人。她认为"跨界学习"具有带领教师走出已有的教学经验和专业发展瓶颈的作用，能够在教师专业成长道路上不断精进创新。王晓芳认为，随着学习情境的拓展，教师的学习方式也逐渐从过去经验式学习、参与式学习转变为跨界学习，并指出教师的跨界学习是一种"横向式"或"扩展式"的学习过程，是一种问题解决式和合作探究式的学习过程。周彦兵提出，跨界学习旨在打破学科之间的界限，构建跨学科的知识体系，拓宽教师的知识覆盖面。他强调在跨界学习的过程中要注重实践与反思的作用，力求做到在实践中提升，在科研中总结，在反思中成长。郑鑫、尹弘飚、王晓芳认为教师的专业化、工作的实践性和环境的复杂性是"边界"普遍存在于教师学习当中的原因，随后他们从实践共同体理论和文化历史活动理论两个不同的视角分析比较了教师跨界学习的发生机制与策略，认为多样化的跨界活动对促进教师专业发展具有重要意义。

在促进教育教学方面，季海菊论述了跨界思维本身所具备的特性：第一，跨界思维的多视角性让我们从多种角度，以多种身份思考问题，从而找到最佳交叉点，发挥教育载体作用；第二，跨界思维的多关联性可统筹考虑各类载体，全面联系相关要素，让教育载体发挥最大运行效力；第三，跨界思维的多样性可将各种思维进行整合，以适应多样化的育人环境。他指出正是以上特性才使跨界思维成为政治教育的优良载体。杨苗、张中芳将医学教师和英语教师在医学专业英语课堂上的合作教学作为个案进行研究，分别从理论和实践层面介绍了不同学科教师如何在合作中实现了跨界学习，从而得出跨越行业界限相互合作学习，培养精通英语的医学专业人才是现代医学国际化趋势下的必然选择。[①]

（三）网络社群学习

网络社群学习是指在地域、年龄、知识结构、思维方式、技能、经验、情感态度等方面有较大差异的学习者，基于共同的信念、价值观、发展愿景或目标等，以信息技术平台为载体，在平等、合作、信任、相互尊重的基础上，"聚集"在由互联网构建的虚拟空间中开展学习活动，以充分发挥群体智慧，促进个体成员知识的丰富、能力的提升、思想的升华、情感态度价值观等的发展。

---

① 王晓涵.成人跨界学习的内涵、价值及其策略探析 [D].曲阜师范大学硕士学位论文，2018：5-5.

一般而言，中小学教师网络社群学习主要有以下几种类型：其一，以博客、微博为载体的教师社群学习，教师将教学反思、读书心得、教学感悟、课例等发表到个人博客或微博，在记录个人成长历程的同时，与对此感兴趣的同伴就相关主题进行交流讨论，以促进学习群体及教师个体的专业成长；其二，以论坛为载体的教师社群学习，教师将教学问题或困惑放在天涯、知乎等网络论坛中，与对该问题感兴趣的其他教师进行交流讨论，在交流互动中解决教学问题或困惑，获得专业成长；其三，以专题网站为载体的教师社群学习，这些网站的搭建主要以教师专业发展为主题，如全国中小学教师继续教育网（http：//www.teach-er.com.cn/）、慕课网（http：//www.moocs.org.cn/）、中国教师发展网（http：//www.zgjsfz.com/）等，这些专题网站为中小学教师提供了丰富多样的学习资源，并且为教师与教育专家、同伴群体间开展交流互动提供了平台；其四，以微信、QQ、Skype 等实时互动工具为载体的教师社群学习，这种学习方式的优点在于社群中的教师能及时、有效、迅速、充分地进行沟通交流，有利于中小学教师扩展非正式学习的深度和广度。

概而言之，"互联网＋"为中小学教师学习提供了海量的学习资源、灵活多样的学习方式、实时互动的合作交流平台，混合学习、跨界学习、网络社群学习等新学习方式的出现，不仅激发了教师开展学习的动力，为教师随时随地进行学习带来便捷，还为置身于学习资源极度匮乏的乡村中小学教师提供了均等的学习机会，城乡教师可以共享优质学习资源，有利于实现整个社会的公平，促进社会的和谐。

在"互联网＋"的新时代，教师的学习呈现出"泛在"的特征。泛在学习同微学习、慕课学习、移动学习、翻转学习、碎片化学习等具有高度的一致性，是学习者基于信息技术环境变革学习方式的自然选择。泛在式地学习是一种面向未来的专业学习方式，对作为学习者的教师而言，它常常以信息化教学辅助的形式参与到课堂教学实践中来，逐渐地，也正将教师学习的场域广泛蔓延至课堂之外的备课、听课、评课、教研、管理、研讨等常规工作和生活中，甚至囊括教师的家庭生活。泛在学习方式在强大的泛在计算技术支撑下，以其开放性、时效性、智能性、整合性、情境性、自组织性等特点，可以在不同的时空条件下满足不同主体、不同阶段的成长需求。①

在泛在学习环境下，教师可以率先突破时空和思维限制，借助智能化、便携式的移动终端设备在常规的教学、教研、管理和培训，或日常生活的交往、观察、阅读、思考中，随心所欲地"渗透"不同形式的自组织学习活动。教师不必专门腾出大段时间用来"自我补充"和"自我更新"，只需通过无线手持终端便可自由配置学习的时间、空间、内容、方式、手段和资源，将工作、生活与自我研修融为一体，促进教、学、研、训、管的相互推进，从而实现无缝化按需学习。

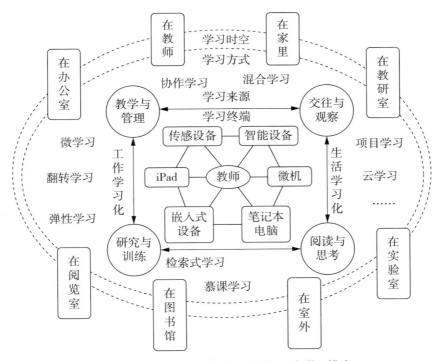

图 7-2 "互联网 +"背景下的教师泛在学习模式

---

① 郑会敏 . 教师泛在学习：概念与理论架构 [J]. 学术瞭望，2018（5）：15-18.

结　语

伴随学习理论与实践的不断完善与发展，教师教育经历了从以"行为训练、知识灌输"为主要方式的教师培训，到以"自主建构、自我发展"为标志的教师发展，再到强调"真实情境、协作学习和共同建构"为特点的教师学习。从教师培训到教师学习，不仅仅是概念上的更迭，更是理念的转换和研究重心的转移。目前，国内外对于"学习"过于细致的划分，人为地割裂了学习的完整形态。早些年托马斯·拉贝尔（Thomas Rabel）就在《拉丁美洲的非正规教育和社会变迁》中主张"不应当将学习分为三个划界清晰的、独立的类别"。英国利兹大学终身学习研究院的康利（Conley）、霍尔德金森（Holdkinson）、马尔科姆（Malcolm）等人在《学习中的非正式性与正式性》报告中也认为学习不应当被分为正式学习、非正规学习和非正式学习三个门类，这样的分类是对学习本质的误解，更准确的理解是将"正式性"和"非正式性"看作在所有学习中都存在的两种特性。实质上，学习活动是一个统一的连续体，其实质就是一个学习谱，谱内既包含正式学习的成分，也包含非正式学习的成分。换言之，在任何一种形式的学习中都可以看到其他形式的可能性。

（一）回归教师的成人身份

"成人学习本质上是一种自我导向式的学习"。美国学者古德莱德（Goodlad, J.）曾深刻指出，教师倾向于在学习上自我指导并做出自己的选择。[1]教师能够清楚地认识自己的学习需求，积极关注并灵敏捕获所需学习资源。能够根据自身的学习特点，选择适合自己的学习方式。能够及时反思学习内容，监控自己的学习过程，并调整后续学习行为。表现为：知道为什么学、学什么、使用何种工具、如何学习、自我评价、自主监控与调整。教师对学习方式的自主选择可以有多种路向，如自主学习、协作学习、探究学习等，教师可以随时随地观看学习资源，自主决定学习进度和

---

① 王建军.学校转型中的教师发展[M].北京：教育科学出版社，2008.

学习内容，并能够及时对学习进行反思。

（二）联通分布式的知识网络

乔治·西蒙（George Siemens，2005）认为，学习是个体与环境交互作用的整体分布式的认知。信息以分布式知识表征形式存在于学习网络的各结点中（人、图书、网站等任何可能的信息源）。适切的学习方式能够用一定的结构将这些结点联通起来，通过不断地提炼、重构、解释来形成新的知识，从而构建人与内容共通的技术增强型学习网络。社会媒体为教师学习提供了大量自由选择和使用的工具，包括信息搜索工具、交流工具、协作工具、知识创生与分享工具等，这些工具以其开放、分享、协作、联通等特性为散布于网络各处知识结点的联通提供了良好的支持。

（三）拓展深度学习的环境支持

费伦茨·马顿（Ference Marton）和罗杰·萨廖（Roger Saljo）首先提出了深度学习（Deep Learning）和表层学习（Surface Learning）这两个概念[①]。比格斯（Biggs）、拉姆斯登（Ramsden）、恩特威斯特（Entwistle）等学者在后续的研究中，将深度学习理解为学习者致力于运用多样化的学习策略，如广泛阅读、整合资源、交流思想、把单个的信息与整体的结构相联系、把知识应用于真实世界等，以达到对知识的深层理解。互联网中高质量的媒体（视频、文本、动画、图片等）呈现和嵌入式的训练，使学习更具情境性和参与性，促进知识的建构；资源的多路向性和泛在特性，利于教师个性化自主学习；功能完善的学习社区和广泛联通的社交网络，帮助教师深入地交流与互动；通过"寻径交互"的方式构建个人和群体的知识网络，在交流和互动中反思、发现、生成和分享新知识。

（四）支持学习共同体内"合法的边缘性参与"

维果茨基认为，"人的内部心理结构不可能从其外部的行为及其发生的

---

① Marton F.，Saljo R .On qualitative differences in learning：I– Outcomeand process[J]. *British Journal of Educational Psychology*，1976（46）.

社会情境中脱离出来，社会结构和心理结构是相互贯穿和渗透的。知识内嵌于社会，学习通过社会中介的合作过程而发生。"① 从这个意义上说，教师学习是一种社会参与，发生于教师间的对话、交流和协商中。教师学习的实现需要实践共同体的构建与支持，教师参与实践共同体的实践活动，通过各种方式传递共同体的经验与规范，通过与共同体内其他成员的互动，获取情境中产生的知识。情境学习理论强调"合法的边缘性参与"（Lave & Wenger，1991），认为，学习发生在共同体活动的情境中，学习者通过最初的边缘性参与，即作为新手的学习者部分地、不充分地参与共同体的活动，经过不断地与专家、同伴对话和互动，逐渐从共同体边缘发展到中心，最终成为完全的参与者（老手和专家）。②

（五）面向人工智能时代的情感学习

人工智能时代，知识迭代更新速度越来越快。在"教书育人"四个字中，"教书"所包含的传统知识性内容可能很快便会由人工智能替代，知识的范畴、内涵等将不断迭代更新，需要教师不断学习；"育人"所包含的情感性内容是人工智能无法替代的，是教师独特价值所在。要想做人工智能时代的优秀教师，情感因素尤为重要，说到底就是要求教师对新知识、新技术、新理念保持永远的好奇，对学习有永远的激情和动力，对学生、对教师职业、对教育事业有永远的热爱。教育是成人、育人的事业。在成人、育人的过程中，最重要的是情感陪伴。当然，人工智能也可以有陪伴，但它并不具备爱的能力，所以它也无法在陪伴中进行"爱"的交流与传递，而这恰恰是人工智能时代教师的独特价值所在。

---

① 高文，裴新宁.试论知识的社会建构性——心理学与社会学的视角 [J]. 全球教育展望，2002（11）.
② 眭洋，魏笑梅.SPOC 混合式教师学习的价值意蕴与模式建构 [J]. 教学与管理，2018（4）：59–62.

第八章　教师的非正式在线学习社区和网络平台

胡佳怡

　　对于大多数教师而言，他们所参加的促进专业发展的活动都是正式的，比如正规的学校课程，沙龙或者论坛，学历教育等。当然，正规的师范院校的课程是最常见的促进教师专业发展的途径。除此之外，鉴于个人或者团体进行的研究，专业性的社交平台也能很好地促进教师的学习和专业发展。借助社交平台或者网络的新技术的力量，教师会共同参与开展项目或者小组合作学习（OECD，2014）。实际上，相关研究已经表明，教育学领域的专家和学者每个星期都会花上几个小时的时间来开展与教学工作相关的非正式的同伴间学习，[①]同时，教师之间通过专业合作进行发展也会是促进学生成绩提升的重要因素。[②]

　　在学校之外，教师很乐意通过不断尝试新的技术和方法来寻找合作的机会或者专业支持。在线社区和网络让教师们摆脱了距离问题，并为教师们提供分享知识和互相学习的机会。[③]如今，由于社交媒体和可移动设备

---

① Campana J. Learning for work and professional development: The significant of informal learning networks of digital media industry professionals[J]. *International Journal of Training Research*，2014，12（3）：213-226.

② Moolenaar N. M，sleegers P. J.，Daly A. J. Teaming up: Linking collaboration networks，collective efficacy，and student achievement[J]. *Teaching and Teacher Education*，2012，28（2）：251-262.

③ Ravenscroft A.，Schmidt A.，Cook J.，Bradley C. Designing social media for informal learning and knowledge maturing in the digital workplace[J]. *Journal of Computer Assisted Learning*，2012，28（3）：235-249.

的存在，学习变得更加开放和便捷。很多教师通过社交媒体（博客或者微信）来分享和获得信息，而且这已经成为教师学习和专业发展的重要内容。通过技术手段和设备，教师可以进行思想交流和智慧碰撞，并且还能在分享知识的同时进行有意义的创造。[1] 因此，在线社区和网络平台的发展使得教师可以根据自身需求通过网络进行相互之间的联系，并且可以通过网络连线专家帮助自己解决问题。[2]

究竟非在线社区和网络平台对教师学习产生了哪些影响呢？为掌握目前的基本情况，对国内外的文献进行综述尤为重要。本文采用文本分析的方法，对国内外的相关文献进行梳理和研究。在文献收集中，本研究主要对国内外有影响力的学术期刊进行搜索，搜索内容包括教师在线学习、网络社交平台、教师专业发展等关键内容。中文期刊主要是通过中国知网（CNKI）就学术期刊、硕博士论文以及会议发表论文进行关键词检索，主要搜索的英文期刊包括以下：British Journal of Education Technology，Computers & Education，International Review of Research in Open & Distance Learning，Issues in Teacher Education，Journal of Digital Learning in Teacher Education，Journal of Teacher Education，Journal of Technology and Teacher Education，Professional Development in Education 等。所参考的文献共包括英文 23 篇，中文 15 篇。

一、概念梳理

（一）非正式学习促进专业发展

教师专业发展可分为三种模式[3]："工艺"模式表明教师的专业发展是

---

[1]　Cope B., Kalantzis M. *Ubiquitous Learning*[M]. Champaign, IL: University of Illinois Press, 2009.

[2]　Lieberman A., Mace D. P. Making practice public: Teacher learning in the 21st century[J]. *Journal of Teacher Education*, 2010, 61（1–2）: 77–88.

[3]　Sprinthall N. A., Reiman A. J., Thies–Sprinthall. *Teacher professional development*[M]. In Handbook of Research on Teacher Education, 2nd Edition. London: Prentice–Hall, 1996.

从课堂经验中获得的提升，"专家"模式认为教师职业发展是其他专家教师培训的结果；"互动"模式表明，教师的知识在外部环境的发展作用中不断增长。丰富的信息来源会带来新的课堂体验，这样的信息会给教师带来新的见解，从而促进教师专业发展。在这三种模式中，第一种和第二种模式是不完整的，因为"工艺"模式并没有解释知识是如何作用到教师专业发展的实践当中的，而在"专家"模式中，教师在学习中的角色被认为是被动的，因此教师并没有为自己的学习或深造负责。相比之下，互动模式是最完整的，并且也考虑到教师教学环境中的多方面因素：一是个人领域，包括教师的思想、知识和信仰；二是教师所获得的信息和社会外部资源，这些能促进教师之间相互合作；三是以课堂教学内容为核心开展的行动研究；四是结果，包括学生学习的结果以及课堂教学的结果。根据互动模型，教师通过社区或网络途径获得外部资源信息，从而促进教师产生新知识，并在课堂教学中探索出新的实践。在课堂上进行实践后，教师可以评估整个教学过程和学生的成绩，并根据评估结果做出改变，既包括认知方面，也包括行为水平的改进。

在互动模式理论中，教师专业发展被认为是非正式的学习。在学界，非正式学习是一个有争议的概念，它被解释为很多种定义方式，当然也有很多相关的概念，比如情境中的学习，内隐学习或者自主学习等。在本文的研究综述中所定义的教师学习的概念是在正式的、结构化的、在正规的班级活动之外所发生的学习。尽管这样的非正规的学习是隐形的，是很难明确解释说明的，但是对教师而言，非正式的学习在教师专业发展中所占的比重超过 70%。每一次参与社会活动都是教师非正式学习的机会，在这样的社会活动中教师可以通过同伴之间的交流来增加自己的自信，开展学习和反思。①

（二）社会性学习结构

尽管学习结构特征对于学习过程的影响有所不同，总体而言，社会性

---

① Eraut M. Informal learning in the workplace：Evidence on the real value of work-based learning（WBL）[J]. *Development and Learning in Organizations：An International Journal*, 2011, 25（5）：8–12.

学习结构可以被定义为社区或者网络社群。根据温格（Wenger）的研究，社交网络被定义为由于个人愿意和兴趣建立起来的非正式联系和相互交往平台，同时社区被认为是围绕一个确定的主题或者挑战性问题建立起来的分享平台，从而促进个体的发展。在一个社区或网络平台中，学习集中在促进知识的分享，通过资源的聚集和实践活动的共享来促进思维的发展。①因此，参与网络平台的活动为大规模地分享信息提供了有效的平台，教师们可以利用平台来获得有效的资源和信息，为既定目标的实现提供解决方案和路径。

尽管社区或者网络平台是独立存在的，但是通常两种形式是小组合作的方式相互依存的。比如，同一所学校中的教师理应被认为是一个有形的学习社区，因为他们在以正式和非正式的方式来分享他们的观点，并进行合作；同时同一所学校的教师们会形成一个无形的社交平台，以便他们之间来交换信息和资源。同时，这些教师很有可能是其他网络社交平台的成员，这些从其他途径和场合获得的信息将会是在学校学习发展的重要资源。

（三）非正式的在线学习社区和网络平台

学习社区和网络平台借助互联网环境得到很好的发展，数字化的资源塑造了在线学习社区和网络平台的形成。根据温格（Wenger）的研究，信息技术拓展了学习社区的界限，改变了学习社区的组织结构，并且重塑了学习社区中个体之间的关系，也影响了个体参与社区或者网络平台的方式。不同组群的教师们对于社区的参与程度决定了社区的开放和包容程度，并且教师们有足够的空间和可能去参与其他类型的社区活动。对于一些教师来说，他们在非正式社区或者平台获得的信息并不是专门或者有意识获得的，而是无意间得到的。②

数字化媒体为学校提供了分享和社交的平台，教师将个体在非正式学

---

① Wenger E. *Communities of Practice Learning, meaning and identity*[M]. Cambridge, UK: Cambridge University Press, 1999.

② Wenger E. *Communities of Practice Learning, meaning and identity*[M]. Cambridge, UK: Cambridge University Press, 1999.

习的获得集中起来，并且将在非正式学习中获得的信息和知识转化为促进教学创新的动力。这样的非正式学习将"自下而上"的知识分享活动和"自上而下"的依据学校教学目标进行的指导有机结合起来。[①] 为了实现这样的相互结合的目标，十分有必要通过信息技术来支持非正式学习，并进一步实现知识的共享。社会媒体技术的发展促进了非正式的社区和网络平台的完善，也满足了教师个人和集体需求，同时也帮助教师们在开放的社会变革环境中创造新的学习方式。[②]

尽管有大量的研究集中在非正式的学习和在线合作，但是对于教师们通过在线合作来促进专业发展的研究内容并不深入，在大多数情况下，对于社会和网络平台的案例研究是为了满足大学研究的需要。[③] 这些研究跟前几年所开展的大量的关于教师正式的专业发展研究有所不同。不管怎样，自 20 世纪末开始，开放的数字化的社交环境为学习和知识的创造提供了新的机会和平台。利用网络平台的优势可以有效地促进学习社交网络结构的发展和学习过程的完善。数字化的社交网络既为教师的专业发展研究贡献了新的理论研究视角，也为研究提供了新的研究数据和方法。因此，本综述聚焦搜集和分析教师为了实现专业化发展而进行的非正式性网络社区学习或社交活动，同时也回顾了教师在线学习促进专业发展的理论框架和研究方法，教师在线学习的特征和参与机制，以及非正式学习对于教师专业发展的影响。

因此，本综述集中回答以下几个问题：

（1）教师非正式学习结构的主要特征有哪些？包括结构的特征，规模，数字化技术应用的情况等。

（2）对于教师在线专业发展的平台和网络的研究，有哪些研究框架和研究方法？

---

① Ravenscroft. A. , Schmidt A. , Cook J., Bradley C. Designing social media for informal learning and knowledge maturing in the digital workplace[J]. *Journal of Computer Assisted Learning*，2012，28（3）：235–249.

② Lieberman. A. Networks as leaning communities shaping the future of teacher development[J]. *Journal of Teacher Education*，2000，51（3）：221–227.

③ Cope B., Kalantzis M. *Ubiquitous Learning*[M] Champaign，IL：University of Illinois Press，2009.

（3）教师是如何参与到学习社区和社交平台中的？

（4）在线平台和网络社区中的学习对于教师专业发展有怎样的影响？参与在线平台和网络社区学习是如何帮助教师在实践中获得新技术的？

二、研究结果

（一）网络平台和学习社区的特征

1. 学习结构的类型：网络平台还是学习社区？

通过对研究文献进行分析，有 15 篇文献使用了"学习社区"这个概念，有 4 篇文献使用了"网络平台"的概念，另外有 4 篇文章将两个概念同时使用。尽管这两个概念有很多关联，但是这两个概念指向不同种类的社会交往和学习。一些作者在文章中同时使用学习社区和网络平台两个概念来展示两种学习途径的特征。比如雷涅里（Rainieri）在 2012 年的研究中所展示的教师通过 Facebook 来研究学习社区实践和网络平台的框架。雷涅里认为同时使用两个概念在研究教师在学习中所产生的社会关系中是十分必要的。[1] 曾（Tseng）和郭（Kuo）在 2014 年的研究中指出学习社区的特征，并用社区的概念强调了教师之间联系的紧密程度。[2] 布朗（Brown）和孟格（Munger）在 2010 年的研究中描述了一个通过讨论分享的方式建立起来的社区组织。[3] 科诺尔（Conole）和卡尔弗（Culver）在 2010 年定义了一个社会性社交平台的设计，同时也强调了加强建设以社区为中心的

---

① Rainieri M., Manca S., Fini A. Why and how do teachers engage in social networks? An exploratory study of professional use of Facebook and its implications for lifelong learning[J]. *British Journal of Educational Technology*, 2012, 43（5）：754-769.

② Tseng F., Kuo F. A study of social participation and knowledge sharing teachers' online professional community of practice[J].*Computers and Education*, 2014, 72：3-47.

③ Brown R., Munger K. Leaning Together in Cyberspace：Collaborative Dialogue in a Virtual Network of Educators[J].*Journal of Technology and Teacher Education*, 2010, 18（4）：541-571.

学习共同体的必要性。[①] 最后，朱蒂玛（Zuidema）在 2012 的研究中分析了教师共同体在非正式的在线学习中的实践。[②]

2. 研究情境

最早对于学习社区和网络平台的研究开始于美国。经统计，共有 10 个研究集中于美国教师的学习，2 篇是对意大利教师的研究，对英国、新西兰、澳大利亚、中国台湾地区、韩国、巴西的研究各有 1 篇，以国际视野开展的研究只有 2 篇。

3. 讨论的话题或领域

社区这个概念被认为是其组成成员在面临一系列相似的问题或者共同利益时，他们共同参与，并且在社区内分享知识。社区或者网络平台具有共通性的研究共有 9 篇。但同时，也有一些社区或者网络平台是专门系统地针对具体领域而建立的，比如：语言教学（6 篇）、教育中技术的使用（5 篇）、科学教学（3 篇）、基础教育（4 篇）或者特殊教育（1 篇）等。

4. 在社区或网络平台中的主要实践

通过文献综述可知，教师在学习社区中的主要活动包括通过对话来分享经验、知识，以及互相提供情感支持，共同致力于发展集体性的课题或项目，或者提供技术训练（见表 8-1）。

表 8-1　教师在学习社区和网络平台中开展的实践

实践	数量
分享经验和实践反思	8
提出并回答问题，寻求帮助	7
分享教学资料和资源	7
共识性问题的讨论	7

---

① Conole G., Culver J. The design of Cloudworks: Applying social networking practice to foster the exchange of learning and teaching ideas and designs[J]. *Computers and Education*, 2010, 54 (3): 679–692.

② Zuidema L. A. Making space for informal inquiry as stance in an online induction network[J]. *Journal of Teacher Education*, 2012, 63 (2): 132–146.

实践	数量
情感支持	3
制定具体的行动计划	2
提供在线培训	2
分享共同的兴趣	1
激发参与的兴趣	2
总数	39

5. 支持学习社区和网络平台的在线环境

促进教师专业发展的在线学习社区或者网络平台需要多元化、数字化环境的支持，这些主要取决于资源、技术和手段。通过对相关文献进行综述，多元化的交流工具或者平台都被拿来进行学习社区和网络平台的建设，比如微信、邮件、数字白板等。

（二）理论框架和研究方法

1. 理论框架

在收集到的文献中提到了两种重要的理论研究方法：学习社区理论和网络平台理论。

（1）学习社区理论。大部分对于学习社区的研究都使用社会文化的视角来看待教师专业发展，认为教师是通过社会参与来进行专业发展的。因此，教师可以将获得的新的理论和观点应用到日常工作当中，并且关注这些实践的结果，进一步通过反思来促进自身的专业发展。[1] 有些研究中强调了学习社区中的实践，强调了社区意识，以及在社区中开展的共享性的实践活动。[2] 另外一些对于学习社区的研究强调了在线的活动，这些活动能很好地让教师们分享实践经验，并形成学习社区。另外一些对于学习社

---

① 王珏，蔡荣啸.课堂大数据视角下的提问倾向研究 [J].电化教育研究.2016（07）.

② 王珏.教师在线实践社区的知识共享与知识创新的机理分析 [J].电化教育研究.2015（05）.

区实践的研究有一个很明确的目标，就是集体中的身份认同，即教师被认为是学习社区中的成员。[①]

研究学习社区的另外一个重要理论框架是社区问询模型[②]。在这个模型里，有三个因素促进了教师在学习社区中获得学习经验，这三个因素既相互关联又彼此独立，它们是认知性的因素、教学因素、社会因素。认知因素强调随着时间的发展，教师能从最开始的探索，到最后阶段利用知识来解决问题。[③]认知因素可以有效地促进教师获得新知识、新技能并进行批判性思考。[④]相类似的，教学因素可以促进教师之间的合作和批判性思维的发展，社会因素会产生群体之间建立以信任为基础的更为有效的合作。这三个因素既相互关联，又相互独立，因此有必要利用三种因素建立一个合作性的社区。

另外一些研究学习社区的理论包括对话理论[⑤]，社会目标论以及连接理论[⑥]。

（2）网络平台理论。对网络平台结构的研究表明，网络平台的建立要尽可能多的扩大范围，让更多的相关人员参与其中，从而促进信息的流动和畅通。通过对相关研究进行分析，学术研究中对于网络平台的分析，更多地使用社会资本理论和社交网络平台分析理论，这两个理论揭示了不同网络平台小组的成员是如何促进信息流动与分享的。[⑦]对于社交网络平台

① Eraut M.Informal learning in the workplace：Evidence on the real value of work-based learning（WBL）[J].*Development and Learning in Organizations*：*An International Journal*，2011，25（5）：8-12.

② Garrison D.R.，Anderson T.，Archer W. Critical thinking, cognitive presence, and computer conferencing in distance education[J]. *American Journal of Distance Education*，2001，15（1）：7-23.

③ Moolenaar N. M.，Sleegers P.J.，Daly A. J. Teaming up: Linking collaboration networks, collective efficacy, and student achievement[J]. *Teaching and Teacher Education*，2012，28（2）：251-262.

④ Garrison D.R.，Anderson T.，Archer W. Critical thinking, cognitive presence, and computer conferencing in distance education[J]. *American Journal of Distance Education*，2001，15（1）：7-23.

⑤ Lieberman A.，Mace D.P. Making practice public：Teacher learning in the 21st century[J]. *Journal of Teacher Education*，2010，61（1-2）：77-88.

⑥ Lieberman A. Networks as leaning communities shaping the future of teacher development[J]. *Journal of Teacher Education*，2000，51（3）：221-227.

⑦ Cope B，Kalantzis M. *Ubiquitous Learning*[M]. Champaign，IL：University of Illinois Press，2009.

的研究让研究者发现加强参与者之间联系的重要方式和纽带。[1]

2. 研究方法

根据对文献的分析得知，有 14 篇文章使用了质性研究方法，其中个案研究 11 篇，行动研究 3 篇；有 5 篇文章采用了定量的研究方法，比如问卷调查；另外有 4 篇文章采用了混合式研究方法。

（三）学习社区和网络平台的参与

1. 影响参与的社会因素

社会因素是形成网络社交平台并促进其良性发展的重要因素，其中包括很多因素如信任度、满意度、社区意识、社会交往能力等，都会影响个人在网络社交平台的参与程度、知识分享程度等。

学习社区中成员之间的相互信任是影响学习社区参与度中最重要的社会因素之一。由于缺少面对面的交流，信任很难在学习社区中建立。[2] 但是，社区中的参与是围绕与工作相关联的问题展开，并且参与者会通过亲身参与获得专业成长，因此参与者会更有动力主动参与，从而建立更积极的信任，并促使成员更加积极地投入。[3] 而且，学习社区中成员之间的相互依赖和知识共享让个体展示出更强的竞争力。[4] 最终，高水平的数字技术让教师更加依赖和信任在线社区。[5] 在信任的基础上，学习社区的参与度也与成员的满意度紧密相关，满意度直接影响成员的社区意识，社会交往能力以及对于社交工具的使用能力。[6]

---

[1] Sprinthall N. A., Reiman A. J., Thies-Sprinthall L. Teacher professional development. //*Handbook of Research on Teacher Education*[M]. 2nd ed. London：Prentice-Hall, 1996.

[2] 王陆，蔡荣啸. 课堂大数据视角下的提问倾向研究 [J]. 电化教育研究，2016（07）.

[3] Tseng F., Kuo F. A study of social participation and knowledge sharing teachers' online professional community of practice[J]. *Computers and Education*, 2014，72: 3-47.

[4] Lieberman A. Networks as leaning communities shaping the future of teacher development[J]. *Journal of Teacher Education*, 2000, 51（3）：221-227.

[5] Brown R., Munger K. Leaning Together in Cyberspace：Collaborative Dialogue in a Virtual Network of Educators[J]. *Journal of Technology and Teacher Education*, 2010, 18（4）：541-571.

[6] Rainieri M., Manca S., Fini A. Why and how do teachers engage in social networks? An exploratory study of professional use of Facebook and its implications for lifelong learning[J]. *British Journal of Educational Technology*, 2012, 43（5）：754-769.

社会态度及教师的自信程度也是影响教师参与在线社区的重要因素。[①]教师的社会意识强，就更加乐于与同伴分享更多的知识，会在同伴交往中对同伴产生更高的期望值，也会更加积极地在学习社区中向同伴学习。社会意识让社区联系更加紧密；从社区中获得的情感支持让成员有很强的归属感。

然而，通过对相关文献进行研究，社区成员的参与度并不是直接和社区成员间的合作相关，尤其在一些情况下，合作需要成员之间保持相互忠诚。通过研究得知，为了更好地实现合作，成员之间可以通过克服挑战来建立共识性的目标，这也使得教师们有足够的空间来表达观点或分享经验。

2. 为促进参与而建立的对话机制

现如今，随着科学技术和数字化技术的发展，教师之间的在线沟通可以通过多种渠道进行，比如微博、微信等，这样既方便又快捷的方式提高了教师之间交流的效率，也降低了交流成本。[②]通过对于学习社区和社交平台中对话机制的研究表明，教师能自主地将实践经验和理论知识相结合。[③]他们之间的交流内容集中在普适性的知识、程序性知识和特定领域的知识。[④]普适性的知识包括教育教学中的专业术语、有效的教学策略和有用的教学资源；程序性知识包括在教育教学实践中有效的手段和策略，以及一些成熟的教学模式等；特定领域的知识包括在特定学科内或者特定知识领域内有效的教育教学手段和方法。特定领域内知识的交流更加具体和聚焦，更有利于教师进行自我反思和自我评价。一些研究主张教师之间进行聚焦在特定领域内的知识和经验的交流，从而让教师之间的对话机制更加有效，

① Eraut M. Informal learning in the workplace：Evidence on the real value of work–based learning（WBL）[J]. *Development and Learning in Organizations：An International Journal*，2011，25（5）：8–12.
② Campana J. Learning for work and professional development：The significant of informal learning networks of digital media industry professionals[J]. *International Journal of Training Research*，2014，12（3）：213–226.
③ Wenger E. *Communities of Practice Learning，meaning and identity*[M]. Cambridge，UK：Cambridge University Press，1999.
④ Lieberman A.，Mace D. P. Making practice public：Teacher learning in the 21st century[J]. *Journal of Teacher Education*，2010，61（1–2）：77–88.

更加深入。①

3. 制约教师参与对话的因素

由于在线学习社会和网络社交平台并不要求教师之间进行面对面的交流，因此这种在虚拟环境中的交流让教师之间的对话缺少持续性。有研究表明导致教师在在线平台交流中参与率降低的因素有 5 个：（1）教师参与者希望通过在线平台的对话获取信息而非合作；（2）教师参与者需要如何使用在线平台等方面的信息技术指导；（3）跨越时空的非面对面的交流让教师们感到不自然不舒服；（4）教师们在平台中的交流并不深入，也不会持续下去；（5）教师对于自己的观点在网络平台上的公开还是有所顾虑，有所保留。② 这些结论在其他一些学者的研究中也有相关说明，比如在网络平台的交流中，考虑到知识产权等因素，教师们并不情愿毫无保留地分享，也不希望自己的观点或做法受到别人的批评和指责。③ 有些研究中明确指出三个制约在线交流的社会因素：缺少信任，所有信息毫无保留地公开，以及参与个体的知识贡献率较低。高参与度的社交平台通常需要一定程度的监控和管理，对于在平台交流中违反规章制度的行为要进行处分。同时，有研究中指出，以匿名的方式参与网络平台的交流是很好的方式，参与个体可以在平台上分享自己遇到的问题、困境以及一些负面的情绪，同时其他参与者会提供相应的支持、建议和观点。④ 这样匿名的方式不会伤害教师的尊严，也会尊重教师的隐私。

4. 网络平台参与方式的专业化

最开始的时候，教师通过网络平台和学习社区等途径进行随性的漫无目的的交流，随着学习社区和网络平台的发展，交流更加高效和聚焦，有

---

① Cope B., Kalantzis M. *Ubiquitous Learning*[M]. Champaign, IL: University of Illinois Press, 2009.

② Rainieri M., Manca S., Fini A. Why and how do teachers engage in social networks? An exploratory study of professional use of Facebook and its implications for lifelong learning[J]. *British Journal of Educational Technology*, 2012, 43（5）: 754–769.

③ Ravenscroft A., Schmidt A., Cook J., Bradley C. Designing social media for informal learning and knowledge maturing in the digital workplace[J]. *Journal of Computer Assisted Learning*, 2012, 28（3）: 235–249.

④ Eraut M. Informal learning in the workplace: Evidence on the real value of work–based learning（WBL）[J]. *Development and Learning in Organizations: An International Journal*, 2011, 25（5）: 8–12.

特定的目标，针对具体待解决的问题，有一定的交流规则，并保护和尊重个体的隐私。

通过利用学习社区中的问询与质疑研究框架，研究者发现，教师通过现在平台进行知识的交流和分享需要时间。在交流开始时，通常会有一个触发事件，接下来教师们会针对这个具体的问题表达观点，并贡献解决问题的方案和方法。之后，参与者们会集中对理论和概念进行辨析，厘清事件或问题背后的理论含义。最后，参与者会总结出解决问题的策略。[1]

5. 网络平台促进教师专业发展

学习社区和在线平台的发展丰富了教师获取信息的途径，并且促进了教师的专业发展。实际上，网络学习社区和在线平台为教师提供了更为多样的专业化交流手段，通过形成学习和交流的共同体，丰富自己的资源，并对自己的教育教学实践进行反思。[2] 教师利用在线平台分享自己每天的教学工作和遇到的实际问题，针对这些问题参与平台讨论的其他教师会有针对性地提供建议和策略，因此会对解决问题和提升教学方法有所帮助。[3] 同时，在网络平台中获取的资源、经验和解决问题的策略也是促进教师专业成长的重要手段。[4]

更为重要的是，在线社区为职前教师和在职教师之间的交流提供了平台，在职教师会有针对性地为职前教师提供一些实践经验，从而增加职前教师的自信。[5]

---

① Wenger E. *Communities of Practice Learning*, *meaning and identity*[M]. Cambridge, UK: Cambridge University Press, 1999.

② Moolenaar N. M., Sleegers P. J., Daly A. J. Teaming up: Linking collaboration networks, collective efficacy, and student achievement[J]. *Teaching and Teacher Education*, 2012, 28（2）: 251–262.

③ Tseng F., Kuo F. A study of social participation and knowledge sharing teachers' online professional community of practice[J]. *Computers and Education*, 2014, 72: 3–47.

④ Rainieri M., Manca S., Fini A. Why and how do teachers engage in social networks? An exploratory study of professional use of Facebook and its implications for lifelong learning[J]. *British Journal of Educational Technology*, 2012, 43（5）: 754–769.

⑤ Tseng F., Kuo F. A study of social participation and knowledge sharing teachers' online professional community of practice[J]. *Computers and Education*, 2014, 72: 3–47.

三、总结与讨论

根据前面提到的研究问题，并结合本综述的研究结果，针对以下四个问题进行集中讨论。

（一）教师非正式学习结构的主要特征有哪些？

相比于网络平台，在线学习社区对于促进教师非正式途径获得的专业发展更为有效。原因在于，在线学习社区的建立更体现了实践中的学习结构。[①] 研究中也表明，在线学习社区和网络平台经常同时使用，因为二者有很多相似之处。在线学习社区和社交平台对于教师专业发展的影响是不同的，但是二者也是互相补充的，并且二者有着共同的目标——促进教师在社会中进行的非正式学习。

据 OECD 的报告显示，研究数据中在线学习社区和网络平台的参与者中 2/3 是女教师，平均年龄在 43 岁以上，从参与者年龄分布来看，90% 的教师年龄集中在 40 到 52 岁。从综述的文献来看，大部分是发达国家的研究，尤其是美国和欧洲。从文献的国别来看，缺少非洲、中东欧、东亚和中亚的研究。这种现象可能是由于在这些国家缺少这些话题的研究，也可能是教师在线学习在这些国家并没有大力推广和发展。然而从既有的研究可见，国家的教育政策、网络技术发展水平、文化的开放程度以及经济发展水平都对教师的在线学习有重要的影响和制约作用。[②]

教师参与现在学习社区和网络平台的交流是由教师的研究兴趣和个人发展目标定位决定的。教师自下而上参与在线学习社区表明他们认为自己是教育领域的专家，因此在学习社区中愿意主动分享自己的课堂教学经验以及教学设计方法等信息。对于教师而言，每个个体与学习社区一方面是为了贡献自己的知识、经验和信息，另一方面也是为了从其他成员那里获

[①]　Wenger E. *Communities of Practice Learning*, *meaning and identity*[M]. Cambridge, UK: Cambridge University Press, 1999.

[②]　Lieberman A, Mace D. P. Making practice public: Teacher learning in the 21st century[J]. *Journal of Teacher Education*, 2010, 61（1–2）: 77–88.

取更多的信息。^① 参与在线学习社区的教师越多元，在社区中交流和分享的效果就越好。教师们在学习社区中不仅仅是说明自己遇到的需要解决的问题，更多的是互相提供智力和情感支持。

在线进行知识、技能和情感的交流对促进教师专业发展有良好的作用。^② 在网络平台中的对话将进一步减少教育研究和教育实践当中的"隔阂"，更好地促进教师将研究中获得的知识与课堂教学实践相对接，从而促进教师加强自己将理论付诸实践的水平。^③ 大多数情况下，蕴含教学策略的先进的教学方法备受教师的欢迎，在学习社区中，这些教学策略为教师们带来新观点、新技术。^④ 然而，有一些情况下，教师在学习社区中分享的教学实践是有争议的，比如一些有争议的教育问题或者教学方式。当少数教师群体分享得不到大多数教师的认同的时候，在线学习社区的交流效果就不好。

数字技术和信息工具对于在线学习社区和网络平台的正常运转有至关重要的作用，它影响着教师们的参与度。信息技术的便捷性与准确度会提高教师的参与度。^⑤ 而且，信息技术还影响教师对在线学习社区的满意度，以及教师在学习社区中的归属感。^⑥

（二）研究教师专业发展的在线社交平台主要有哪些研究框架和研究方法？

对于教师专业发展的在线社交平台研究，主要使用的理论框架包括学

---

① Tseng F., Kuo F. A study of social participation and knowledge sharing teachers' online professional community of practice[J]. *Computers and Education*, 2014, 72: 3–47.

② Rainieri M., Mance S., Fini A. Why and how do teachers engage in social networks? An exploratory study of professional use of Facebook and its implications for lifelong learning[J]. *British Journal of Educational Technology*, 2012, 43（5）, : 754–769.

③ Brown R., Munger K. Leaning Together in Cyberspace: Collaborative Dialogue in a Virtual Network of Educators[J]. *Journal of Technology and Teacher Education*, 2010, 18（4）: 541–571.

④ Brown R., Munger K. Leaning Together in Cyberspace: Collaborative Dialogue in a Virtual Network of Educators[J]. *Journal of Technology and Teacher Education*, 2010, 18（4）: 541–571.

⑤ Zuidema L. A. Making space for informal inquiry as stance in an online induction network[J]. *Journal of Teacher Education*, 2012, 63（2）: 132–146.

⑥ Conole G., Culver J. The design of Cloudworks: Applying social networking practice to foster the exchange of learning and teaching ideas and designs[J]. *Computers and Education*, 2010, 54（3）: 679–692.

习社区理论和跨文化社交理论，这两种理论框架主要是用来研究社会群体的交往模式和群体结构的分析。

对于教师专业发展的在线社交平台研究，大部分研究使用质性研究方法。有些学者对此产生质疑，认为通过质性研究对个别现象进行分析，并不能保证研究结果的代表性和普适性。因此，一些学者提出使用混合研究的方法，将大规模的数据和个别现象的研究相结合。因此，本研究认为，对于教师的在线学习社区和网络平台的研究，亟待开发出更合适的研究方法。

（三）教师如何参与到学习社区和社交平台中？

教师参与在线学习社区和社交平台的方式多样，途径各异。教师们在平台中开展的活动丰富多样，主要集中在对于当前教育问题的争论，互相提供情感和智力支持，以及合作开展研究项目。研究表明，一些教师在平台中保持相对"安静"的态度，更多的是默默观望，接受同伴提供的信息和贡献的教学策略，而不愿意发表自己的观点。根据普利斯（Preece）的研究表明，教师保持沉默的原因有以下几个方面：（1）参与集体讨论并不会让自己受益；（2）害怕自己的言论得不到认可；（3）技术等问题阻碍了个人在平台中表达观点。尽管这些因素会阻碍教师的参与和表达，但促进教师参与平台的互动会提升教师对于学习社区的满意度。

通过研究表明，相比于在线的交流，大部分教师更倾向于面对面的交流，面对面的方式更容易建立信任。也有一些学者认为，在线的交流可以让教师排除顾虑，畅所欲言。同时一些研究认为，在线交流应该与线下的面对面交流有机结合，这样的混合交流模式能最大限度提高交流的参与度，并保证交流效果。

在学习社区中的"领导者"至关重要。"领导者"可以是通过民主推举产生，也可以由其他机构委任。"领导者"要起到组织和监控的作用，保证交流的顺畅。

一些策略可以有效地提升教师在在线学习社区中的参与度，比如在线上交流的基础上开展线下的工作坊，提供信息技术的讲座或培训等。这些方式会在一定程度上减少教师参与在线学习社区的困难和障碍。

（四）在线平台和网络社区中的学习对教师专业发展有怎样的影响？参与在线平台和网络社区学习如何促进教师在实践中获得新技术？

通过参与在线学习社区或网络社交平台，教师们会提升对自己日常的教育教学实践的反思意识，并主动接受新的教学方法、资源和教育理论。在线平台中的讨论和交流会激发教师新的思考。这种方法和经验的植入会激发教师观念的改变，从而促进教师长期的专业发展，包括自身知识体系的建构等。

一些研究显示，新手教师和经验丰富的教师之间的在线交流非常有效果，一方面促进新手教师接触更多经验和知识，提升专业自信，另一方面，经验丰富的成熟教师也从中获得认同感、满足感和专业自豪感。

学校的信息技术支持程度直接影响在线学习社区的参与度。技术支持能保证在线交流的顺畅。

通过对相关文献的研究，学者普遍认为在线学习平台与教师专业发展有密切的联系，几乎没有文章明确指出在线学习社区会促进教师改进课堂教学方法。因为在线学习与课堂教学方法的改进之间很难建立直接的联系。因此亟需对此进行研究，长期跟踪参与在线学习的教师在课堂教学方式中的改变。

结　语

通过对相关文献进行文本分析得知，教师的在线学习对于教师专业发展有一定的促进作用，但是作用并没有完全发挥。有很多影响因素会制约教师参与在线学习社区，比如教师所在机构的性质、规模、信息技术水平等。

对于教师在线学习的研究，有一些研究的理论框架，这些理论框架都分别从不同维度揭示出在线学习对教师专业发展的影响作用。从研究方法上看，现有的研究大部分采用质性研究方法，但对于个别现象的研究缺乏推广性，因此在今后的研究中，推崇将质性研究和定量研究相结合的混合研究。

在线学习和交流的确会促进教师专业发展，这一点在很多研究中都有明确说明。但是在线学习是否能有效提升课堂教学的质量和水平还有待研究。这与在线学习和交流中的内容直接相关。交流中获得的教育教学经验、知识和策略如何有效地转化为教学实践，这是需要进一步研究的重点。对于这个话题的研究，长期跟踪得来的数据才更为有效。

第九章　中小学校长在培训中的学习方式[①]

陈　丹

校长个体的学习是胜任校长岗位工作和促进校长专业发展的基本前提，对有效领导学校教师学习共同体发展、提升学生学业水平和综合表现、促进学校可持续发展具有重要意义。校长的学习涉及个人自主学习、集体组织培训等多种形式，其中，校长培训是促进校长学习的一种重要途径，对于校长的任职和专业发展发挥了积极作用。1989年，国家教委下发《关于加强中小学校长培训工作的意见》（[89]教人字035号），标志着校长培训逐步进入制度化轨道，也开启了我国校长学习的制度化建设。文件对中小学校长培训工作的基本要求、培训的内容与方式以及培训工作的主要措施都作了系统规定。[②]之后的近30年，中小学校长培训工作不断深化，教育部发布了10多个关于推进中小学校长培训的重要文件及规划。这些文件和规划实质是对"校长为什么要学习""校长要学习什么""校长应该如何学习"等问题进行了相关要求和规定。

随着校长培训实践的不断深入，培训者和学者们对校长培训的研究不断拓展，包括校长培训的意义、类型、目标、内容、课程、模式等各个方面，这些研究成果同时也反映出了校长学习的价值、类型、内容和方式等。从2008～2018年中国知网关于"校长培训"的文献来看，校长培训模式

---

① 本文系北京教育学院重大课题"深化教育领域综合改革背景下中小学干部培训发展研究"（项目编号：ZD2016-02）阶段成果

② 王凤秋.30年来我国中小学校长管理制度改革述评[J].教育科学研究，2016（4）：27-32.

是校长培训过程中受关注的重点问题之一，文献数量占到了校长培训研究的约1/3。笔者发现，这些研究中虽然很少直接用"校长学习方式"表述，但校长培训模式研究在很大程度上是以校长学习方式研究为前提的，即校长培训往往基于校长学习的需求、条件和特征等因素，研究分析校长的有效学习方式，然后确定校长的培训模式。从这个意义上来看，校长培训中的学习方式研究也占据了校长培训研究的相当比例。

本文梳理了近十年中小学校长培训文献中的校长学习方式研究，旨在把握校长培训中的学习方式研究基本现状，分析校长培训中的学习方式研究的主要特点，展望未来校长培训中的学习方式研究的趋势，从而为校长学习研究与校长培训实践提供行动方向的参照。

一、中小学校长在培训中的学习方式的研究基本现状

通过文献研究发现，校长培训中的学习方式有很多种，如克里斯汀·福德（Christine Forde）对校长如何学习来发展学校领导力以应对高绩效学校的要求进行了研究，他认为校长学习方式大致分为三类，包括学徒式学习方式、基于知识的课程学习方式和实践学习方式。① 本文在梳理了中小学校长培训文献后，将校长的学习方式研究分为了五个维度，主要包括实践取向、关系取向、内容取向、技术取向、职业取向，其中，每个维度下包含研究者们分析或探索的若干种校长的学习方式。

（一）实践取向

实践取向的学习方式旨在将校长学习与校长工作实践紧密联系在一起，学习的目标是促进校长办学实践能力的提升，学习的场所也尽量在校长办学的现场或是创设办学实践的模拟情境。龚孝华等认为，这种学习是重视

---

① Christine Forde.*Leadership for Learning：Educating Educational Leaders*[M]//Townsend T.，MacBeath J.（eds）International Handbook of Leadership for Learning. Springer International Handbooks of Education，vol 25. Dordrecht：Springer，2011：355–374.

校长实践性知识的形成和发展，通过创设各种实践情景帮助校长获得实践性知识；注重在实践中反思，在反思中实践；同时，强调这个"学习"是"实践的参与"，而不是片面地强调理论知识的"内化"。学校领导与管理是一种特殊的实践活动，具有高度的丰富性、复杂性和情境性，校长的专业知识与能力更多地体现为一种"实践性知识与技能"，具有理论性知识不可替代的特征与功能。实践能力并不能由基础理论直接转化而来，只有在真实的实践中参与和体验，才有可能得到实质提升。因此，相对传统的理论专题式学习，实践性取向学习方式是提升校长专业能力的必然选择。[①] 在实践取向的学习理念指导下，培训者和研究者们探索了一系列校长学习方式，其中主要的有影子学习方式、案例学习方式、行动研究学习方式、情境学习方式，具体如下。

1. 影子学习方式

影子学习是指按照既定的研修目标和研修方案，参训校长与专家校长形成"如影随形"的近距离接触，在真实的现场环境中，细致观察专家校长的日常领导与管理行为以及学校的主要工作，并充分发挥参训校长的主动性，把"听、看、问、议、思、写"等自主学习行为整合为一体，以深刻感受与领悟专家校长及基地学校的办学思想、理念、制度、方法等的学习方式。[②] 吕丽筠等认为，这种学习是岗位体验式的，体现了成人学习的特点。在通常情况下，成人学习的主要目的是获取专业知识和专业技能，在学习的过程中，成人所表现出来的自主、自律、自控意识比较强，而且，他们在工作或学习方面也都有自己个性化的问题需求解决，因此希望按照个人的愿望去进行选择性学习。[③] 于慧认为，影子学习方式是促进参训校长成为"反映的实践者"。"反映的实践者"是将实践者之实践行动与其介入到现象场中的作用和后果的建构过程，经由对话活动而推进实践者的探

---

① 龚孝华，于慧.提升专业能力的中小学校长培训模式探索——基于实践性取向的理念与行为 [J]. 课程·教材·教法，2011（12）：81-86.

② 2009-2011 年教育部—中国移动中小学校长培训项目影子培训指导手册. [EB/OL].（2017-03-07）https://wenku.baidu.com/view/8e828f0c0640be1e650e52ea551810a6f524c8c3.html

③ 吕丽筠，屠广越."影子校长"培训中的"岗位体验"模式探析 [J]. 大连教育学院学报，2012（9）：27-28.

究。实践者实践行动的质地与能力亦由此探究过程而产生改变。影子学习正是要突出参训校长作为能动的实践者的主体性和主动性，期望通过学习共同体的对话、研究实现在教育现场中的实践反映，进而不断建构和扩展自身经验。[1] 潮道祥等系统设计了校长影子学习的研修工具，涉及发现自身问题、揭示存在的真实问题、分析破解问题、反思研究问题和解决问题等几个方面。[2]

2. 案例学习方式

案例学习方式是指校长对基于实际中真实情境加以典型化处理的案例，通过独立研究和相互讨论的方式进行分析和决策，从而提高自身分析与解决问题能力的一种学习方式。朱晓颖认为，案例学习是让校长在"模拟演练"中运用所掌握的理论知识，分析问题、制定对策，为校长提供了锻炼其实际管理能力的机会，大大丰富了校长在管理上的"实战"经验，有利于迅速提高校长解决实际问题的能力。[3] 龚玲认为，积极创建和开展中小学校长案例学习方式，能有效地破解校长培训学习中"理论与实践脱节"等问题，有力地促进和提高校长的专业化素质。[4]

3. 行动研究学习方式

行动研究是由社会情景（教育情境）的参与者为提高所从事的教育实践的理性认识，加深对实践活动及其依赖背景的理解而进行的反思性研究。它是一种社会学研究方法，兴起于 20 世纪中期的美国。陈丽认为，行动研究式校长学习方式是在培训者组织下，在专家指导下，校长运用行动研究方法解决学校发展中现实问题的一种研究型学习方式。学习过程中，正视学校教育、教学、管理实践，强调改进学校的教育、教学、管理实践，从而提高学校工作的有效性。问题诊断、策划与设计改进方案、研究实施的

---

① 于慧. 校长"影子培训"存在的问题及改进设计 [J]. 教育发展研究，2014（4）：72-77.

② 潮道祥. 论中小学校长"影子培训"模式——以安徽省中小学校长"影子培训"为例 [J]. 中国教育学刊，2015（6）：93-96.

③ 朱晓颖. 案例培训模式在校长培训中的实践与探索 [J]. 基础教育参考，2008（11）：55-59.

④ 龚玲. 中小学校长"案例教学"培训模式的价值解析与实践范式 [J]. 吉林省教育学院学报，2013（10）：1-8.

推进、研究评估是校长行动研究学习方式的四个重要环节。[①] 杨雪梅对行动研究学习方式的实施和效果评估进行了详细阐述，涉及校长个人行动研究学习、小组行动研究共同学习策略。行动研究学习效果评估则分为两个方面，一是进行研修过程及效果的评估，构建了三级评估指标体系，一级指标包括研修过程、研修的直接结果、研修的间接结果和总体结果四个方面。二是进行校长与学校变化的评估，一级指标包括学校改进方案的实施能力，即执行力、研修学习的转化能力等；二级评价指标有：组织力、坚持力、把学习的知识传递给教职工的能力、加工改造的能力等。[②]

4. 情境学习方式

美国加利福尼亚大学伯克利分校人类学者让·莱夫（Jean Lave）教授和独立研究者爱丁纳·温格（Etienne Wenger）在《情境学习：合法的边缘性参与》一书中提出了情境学习理论，该理论认为，知识和技能是在真实情境中学习和运用而获得的，要在学习知识、技能的应用情境中进行学习。"任何知识都存在于文化实践中，参与到这种文化实践中去，是学习的一个认识论原则。"李杰乔（Jaecheol Lee）等基于情境理论，开展了为提高准校长领导技能的模拟情境式学习项目研究，其中涉及对学习者的前期准备和在某特定情境下相关领导方式运用的诊断，以此帮助准校长通过模拟情境式学习做好任职前的准备。[③] 韩民认为，有实效的校长学习方式，除了传统的听讲座学习，更应该让校长走进教育现场，在研修共同体中倾听实践者讲述自己的故事，然后交流、对话、解释、描述、行动，以促进校长们成为实践的研究者、互助的成长者、反思性的实践者，从而让校长们有更多的获得感，切实提升他们的专业理念、师德修养、专业知识和专业

① 陈丽. 行动研究式校长培训模式的实践探索 [J]. 北京教育学院学报，2008（6）：67-70.

② 杨雪梅. 校长行动研修模式的实施与评估 [J]. 中小学教师培训，2009（4）.

③ Jaecheol Lee, Seongchul Yun, Sungdeok Park &Junghwan Park.Development of Simulation for Improving Pre-principal's Leadership Skill[C]// Kim T., Ramos C., Abawajy J., Kang BH., Ślęzak D., Adeli H.（eds）Computer Applications for Modeling, Simulation, and Automobile. MAS 2012, ASNT 2012. Communications in Computer and Information Science, vol 341. Berlin, Heidelberg：Springer，2012：80-87.

能力。① 张佳等基于农村校长助力工程项目，提出了"五位一体"的学习，包括"需求调研、导师引领、影子跟岗、反思提高、岗位追踪"，坚持"从实践中来，到实践中去"的理念，促进校长学习过程中的理论与实践结合、校长与校长互动、反思与改进并进。② 曾琳分析了瑞典基于工作场所学习（workplace learning）的校长学习方式、工作场所学习的目的，一是帮助学习者获得通用能力或者特定行业的竞争力；二是提高学习者的知识、技能和态度，使他们能够顺利地从学校过渡到继续教育、培训和工作中。瑞典特别强调参培校长在真实情境中获得实践性经验，以提升校长的实践智慧和实践能力，长达 6 周的基于工作场所的观察、学习和实践是最经常使用的一种学习方式。在基于工作场所的学习方式中，中小学校长程序性知识和实践性知识的获取、个体专业发展的实现都与工作场所的真实情境及现实问题紧密相关，有利于参培校长将其熟悉的教育教学事件典型化，成为联结理论与实践的契合点，从根本上提高问题解决能力和决策能力。③ 许苏分析了美国的校长培训情境学习方式，为提升校长教学领导能力，其学习中有清晰的教学领导模式，围绕教师的教和学生的学，让学员真正参与教学领导的各种实践，包括制定共享的学校发展愿景、观察和评价教师、规划教师的专业发展、运用数据以及实施改革等。同时，美国非常重视教育实践课程的设计、实施、监督与成绩评定，让学员在专家校长的指导下真正承担领导的职责，教育实践与理论学习相辅相成，帮助校长完成复杂的教育领导实践操作。④

（二）关系取向

关系取向学习方式强调明确校长学习过程中相关主体的定位及相互之间的关系，突出校长的个性化差异，充分发挥校长在学习中的主体性、参与性，在此基础上建立科学合理的主体互动关系结构，满足校长个体的个

---

① 韩民 . 情境学习理论主导下的中小学校长培训实效性研究 [J]. 辽宁教育，2017（10）：8–10.
② 张佳，郭平 . 基于"五位一体"实践引领的农村校长培训模式创新——以教育部农村校长助力工程为例 [J]. 中小学教师培训，2015（1）：25–27.
③ 曾琳 . 瑞典基于工作场所学习的中小学校长培训 [J]. 中国成人教育，2012（7）：109–110.
④ 许苏 . 美国校长培训及其政策分析 [J]. 全球教育展望，2009（7）：58–63.

性化学习需求与发展。校长培训中的学习是一个群体性学习行动过程，存在着多种主体及互动关系，如专家与校长学员间的互动、培训机构与校长学员间的互动、校长学员间的互动等，不同的主体互动关系结构形成了不同的校长学习方式。从当前的研究来看，学习共同体学习方式、参与式学习方式、个性化学习方式都表现出了这种关系取向，具体如下：

1. 学习共同体学习方式

学习共同体是指由学习者及助学者（包括教师、专家、辅导者、家长等）共同构成的以完成共同的学习任务为载体，以促进成员全面成长为目的，强调在学习过程中以相互作用式的学习观作指导，通过人际沟通、交流和分享各种学习资源而相互影响、相互促进的学习团体。佐藤学等将"学习共同体"中的"学习"界定为三种对话实践——与客观世界的对话、与他者的对话、与自己的对话。同时提出，建立学习共同体最关键的就是"交往"和合作学习，即关系中的学习，只有实现真正意义上的学习者之间的个性化平等交流，以及基于交往学习活动使知识的生成性迁延为群体性公共文化纽带联结，学习共同体才能诞生。基于此，熊伟荣认为，校长学习也需要形成参与互动、反思分享、合作对话、改进实践为显著特征的专业学习共同体，为此探索构建了三类校长学习共同体形式，一是以主题研修等为主要内容的基于对话客观世界的学习共同体形式，二是以专题论坛等为主要内容的基于对话他人的学习共同体形式，三是以系统阅读等为主要内容的基于对话自我的学习共同体形式。[1] 在探索区域内校长学习共同体的基础上，许多实践者们也开展了跨区域校长学习共同体的尝试。杨雪梅提出了异地合作学习方式，她认为，异地合作学习方式更强调优质培训资源的整合与互补，强调异地校长之间的差异学习和经验分享。这种跨区域学习共同体能挖掘更为丰富的学习资源，唤起校长们的学习内驱力，构建新颖的学习情境，提升学习效果的辐射性。[2] 张丰分析了澳大利亚的校长学习，其强调了校长在活动中的主体性。澳大利亚校长专业学习运行方

---

[1]　熊伟荣. 基于学习共同体的校长培训模式与反思 [J]. 中小学教师培训，2012（12）：23–25.
[2]　杨雪梅. 中小学校长异地合作培训模式的思考与实践 [J]. 北京教育学院学报，2012（10）：11–20.

式大致分为五种：目标导向下的资源学习，标准导向下的工作视导，基于实践问题的会议研讨，接轨学位教育的系统课程，实践体验与选择课程相结合的综合研修。①

2. 参与式学习方式

参与式学习方式，即培训活动以参训校长为中心，融教育教学新理念、校长专业知识技能、管理经验于参与式活动之中，强调参训校长主动、平等参与学习活动，主张参训校长与培训者、校长与校长之间的交流合作，充分关注校长已有的专业知识、专业技能和管理经验。让校长通过学习活动自主整合原有的知识、技能和经验，自主构建教育教学新理念、学校管理和发展新理念，以及知识技能体系。②周金虎也提出，参与式学习方式不是简单地像灌输性学习那样获取某一知识，掌握某一原理或规律，而是强调校长亲身参与、感悟和行动，基于自己的教育教学经验内化有关理论，在反思自己行为的基础上进一步发现新的问题，提出新的假设，有利于校长主动构建自己的知识体系，做出自己的行为改变。同时，还有利于引导校长主动地思考"为什么学""学什么""怎么学""去哪里学""向谁学"等问题，从而让学习从"外在压力"变为"内在动力"，从"外在负担"变为"内在需求"，从"要我学"变为"我要学"，极大地激发校长的学习兴趣、积极性和主动性。③张大锁认为，校长在学习过程中与培训者之间不是传统学校的"师道尊严"的关系，而是一种真正意义上的教学相长、民主平等的关系，学习过程应该成为校长在培训教师指导下的自我学习、自主学习的过程。④

3. 个性化学习方式

个性化学习方式是基于校长个性化特质、满足校长个性化需求、针对

---

① 张丰.专业学习：澳大利亚中小学校长培训的启示 [J].全球教育展望，2011（6）：64-68.

② 林明汤.引领校长积极参与提高校长培训实效——论参与式校长培训模式与策略 [J].中国教师，2008（12）12：50-51.

③ 周金虎.从观念更新到行动改变——中小学校长培训的新取向 [J].中国成人教育，2012（4）：112-114.

④ 张大锁.发挥学员主体性提高校长培训实效——参与式校长培训模式的探索与实践 [J].中小学教师培训，2014（4）：27-29.

校长个性化情境、促进校长个性化发展的系统学习工程，是校长实现专业发展的重要途径。陈丹等认为，专业训练取向的学习都过分强调校长个体及办学之外的具有普遍意义的指导因素，如专业理论、专业发展标准、典型经验，过于追求校长学习的同一性、统一性、普适性，而忽略了校长的差异性和主体性，这种校长学习方式已经不能顺应当前社会对校长专业成长和学校发展提出的时代要求。校长学习要迎合个性化的时代要求，追求"以人为本"的发展价值取向，包括尊重校长个体的差异性、发挥校长发展的主体性、引导校长办学的多元性和鼓励校长改革的创新性，让校长在个性化学习中真正形成符合自身特质和学校现实的个性化的教育思想与办学特色。[①] 田汉族等认为，校长成长过程是在教育实践中以持续学习、思考、研究、实践、体验和创新等方式，不断积累人力资本、文化资本和社会资本，进而提升其专业生活、文化生活、社会生活质量，创造人生、实现价值的过程。其成长史就是其整体生命活动的历史，就是其文化资本、社会资本、人力资本不断生成和转化的历史。在此基础上，建构了以校长资本积累为基础的个性化学习方式。培训过程中的学习是以创新为灵魂，促进校长资本积累的过程。其学习方式结构包括：促进校长整体发展的学习目标、指向校长资本积累的学习课程、基于校长成长问题的学习过程、依靠校长自我建构的学习方法。[②]

（三）内容取向

内容取向学习方式突出以特定的主题或内容为载体开展校长学习培训活动，以此贯穿学习全过程，体现校长学习的特点和需求，实现校长发展的特定目标。笔者认为，现有研究中的主题性学习方式、问题中心学习方式均表现出这种内容取向，具体如下：

1. 主题性学习方式

主题性学习方式是指校长围绕某个具体主题，确定学习的目标和课程

---

① 陈丹，胡淑云. 校长个性化培养的内涵、价值和路径 [J]. 北京教育学院学报，2016（4）：13-18.
② 田汉族，孟繁华，傅树京. 校长个性化培训：从理论到实践的创新探索 [J]. 教育科学研究，2012（12）：24-29.

内容，聚焦主题性学习。彭来桂认为，"八五"以来校长培训经历了基础性校长学习、专题性校长学习和主题性校长学习的转变，主题性校长学习是在整合前两种方式的基础上发展而来的一种科学有效的校长学习方式，并在实践中基于"提升校长领导力"主题，从校长高级研修的课程内容设计、校长学习的方式等方面积极探索，构建主题性校长学习方式。[①] 因巴纳坦·奈克（Inbanathan Naicker）在对南非的校长专业发展研究中也发现，提升中小学校长的领导和管理能力被看作是提升南非学校质量的一项重要因素。校长们需要参加系列专业发展学习，该研究重点介绍了两项，包括学校领导的教育高级证书学习（ACE：SL）和校长管理发展项目（PMDP）。[②]

2. 问题中心学习方式

王小为认为，问题是校长在学校管理工作中遇到凭借自身知识和经验，并通过努力也难以解决的困惑，是校长专业发展的瓶颈，也造成了工作开展的实际困难。构建以问题为中心的中小学校长学习，把校长面临的教育管理问题作为校长学习的内容，通过解决问题获得校长实践性知识的增长与能力的提升，从而提高校长专业素养的发展。这种学习方式强调校长主体的参与性，凸显校长们的思想观念，调动其以往的经验与知识，切合校长自身发展和问题解决的需要，并在校长和授课专家共同探讨中提高学习的实效。为此，需要围绕"问题——问题解决"，以校长的工作结构为学习课程，开展以问题为中心的课程学习，用"问题链"串联课程脉络。[③] 鲍超提出农村中小学校长学习应结合农村教育实际，以农村需求、农村发展和农村学校的发展为本，以改进教育管理能力为导向，以提高实践能力和对新课程的把握能力为重点，实施以问题为中心的生成性学习方式。[④] 赵海涛

---

① 彭来桂. 主题性校长培训模式的构建——以温州市校长高级研修为例 [J]. 中国教师，2008（7）：61–62.

② Inbanathan Naicker. *Developing School Principals in South Africa*[M]// Townsend T., MacBeath J.（eds）International Handbook of Leadership for Learning. Springer International Handbooks of Education, vol 25.Dordrecht：Springer，2011：431–443.

③ 王小为. 以问题为中心的中小学校长培训课程研究 [J]. 中小学教师培训，2016（9）：32–34.

④ 鲍超. 关于农村中小学校长培训模式的思考 [J]. 教育理论与实践，2011（5）：3–5.

分析了美国斯坦福大学的"基于问题的学习"模式（PBL，problem-based learning），其设计与成人学习的特点相契合，能促成学员在学习共同体中获得发展，为校长学习的实践提供了技术性支持。校长在这个学习过程中涉及从实践领域中选取问题、对问题进行分析研讨、提出解决问题的方案、实施方案以解决问题、对问题与方案及实施进行评价等几个环节[①]。朱利叶斯·奥·贾万（Julius O. Jwan）等在对肯尼亚学校的研究中发现，为改善学校学生学习的问题，校长必须接受关于学校领导的教育，学习各种领导技能，因为仅有教师资格证和工作经验对形成有效的学校领导是远远不够的。他们还指出，一方面校长学习应该将管理技能和引导技能（扮演促进学生学习的角色）结合起来，另一方面校长学习还需要关注政策，并开展基于研究的领导实践，从而更好地解决学生学习问题。[②]

（四）技术取向

技术取向学习方式主要侧重将各种平台、网络等现代信息技术运用于校长学习过程中，促进校长学习方式的多元化，提高校长学习的便捷性、灵活性和个性需求满足度。

杨利君等提出了基于 Moodle 学习平台的校长学习方式，即利用 Moodle 平台，在学习目标的驱动下，选择合适的教学理论作指导，合理地使用教学资源和教学策略有序地开展学习，从而不断建构知识的程序化模型。同时，借鉴"积件思想"提出新的校长学习方式，即在科学理论指导下，采取适当的策略，通过对学习中的"过程单元"进行动态组合而按需展开的学习方式。[③]夏芳等开展了网络学习方式研究，探索了借助网上论坛的参与式专题研究、基于共同学习内容的博客团队模式、基于系统理论

---

① 赵海涛．美国 PBL 校长培训模式及其价值分析 [J]．中小学管理，2010（9）：53-54.

② Julius O. Jwan，Charles O. Ong'ondo. *Educating Leaders for Learning in Schools in Kenya:The Need for a Reconceptualisation*[M] //Townsend T.，MacBeath J.（eds）International Handbook of Leadership for Learning. Springer International Handbooks of Education，vol 25. Dordrecht ：Springer，2011：397-417.

③ 杨丽君，陈波．基于 Moodle 学习平台的中小学校长培训新模式初探 [J] 电化教育研究，2008（10）：53-60.

学习的网络课程模式等。① 刘明等提出了微培训的校长学习方式，"微培训"是基于网络环境状态下的微型化学习方式。其特征表现为环境、形式、内容微型化，该方式不仅克服了面授学习的突出问题，而且创新发展了网络学习的优势，强调发挥其微型化优势，并在中小学教师和校长培训学习中得到了一定的应用。②

（五）职业取向

职业取向的学习方式关注校长的职业生涯发展，将校长学习与校长的专业成长阶段紧密联系，它超越了某一个具体主题或某一类型的学习设计，旨在形成一个连续的校长发展学习系统。现有研究中涉及一体化的学习方式和职业发展某阶段的学习方式，如教育家型校长的学习方式。

1. 一体化学习方式

陈禹提出了发展性校长学习方式，其强调基于校长职业生涯发展不同阶段的实际状况和显著特征，设置相应的学习阶段和学习内容，构建阶段性、系统性、针对性较强的校长学习体系，以满足校长个体不同需要，注重校长专业成长的规律性和过程性。③ 黄旭广认为，中小学校长学习应由碎片化学习向一体化学习转变，即按照校长成长的阶段性理论，把校长各阶段的学习整合在一起，成为彼此紧密相关、有机融合的一个整体连贯的学习体系。一体化的校长学习体系，主要包含以下一些主要环节：顶层设计、整体统筹、分段设计、循序渐进、夯实目标、稳步前行。④

2. 教育家型校长的学习方式

王红霞认为，教育家型校长具有独特的精神特质，主要体现在完善的自我意识、卓越的思维品质、高尚的道德与强烈的使命感、坚定的教育理

---

① 夏芳等.中小学校级干部网络培训模式初探 [J].辽宁师范大学学报（社会科学版），2010（7）7：62–64.

② 刘明，孙福胜."微培训"：中小学教师和校长培训新模式 [J].中国教育信息化，2016（2）：62–64.

③ 陈禹.基于校长培训专业化的发展性校长培训模式探析 [J].吉林省教育学院学报，2012（6）：1–3.

④ 黄旭广.中小学校长培训一体化初探 [J].教师教育论坛，2016（1）：64–68.

想与信念。教育家型校长学习应基于人本主义和实践知识观来构建相应方式，具体内容体现为：学习目的是促进校长全面而自由发展，学习课程创新要指向人格完善和精神成长，学习过程要基于"实践——反思"，学习方法选择要依靠自我教育。[1] 同时，王红霞等针对名校长的特点和教育家型校长的目标，探索了"主题提炼式"学习，即在专家引领、同伴互助的前提下，校长通过自我反思、对话，用显性的语言把自己在办学过程中坚守的个性化的信念提炼出来的过程，亦即校长提炼教育理念、形成自己教育思想的过程。主题提炼的过程是校长对"教育是什么？""教育为了什么？""学校怎样办？"三个问题的不断追问过程，是校长努力寻求教育合目的性和合规律性的统一的过程，同时这个过程也是校长自身不断探寻教育规律、不断追求教育价值的过程，是校长个性化教育信念不断清晰和坚定的过程。具体经历三个步骤，即"以事引思"，即隐性知识显性化；"抽象概念"，即感性认识理性化；"具体再现"，即理性认识系统化。[2] 项红专等也认为，"名校长一定是有思想的校长"，形成系统、先进和独特办学思想是名校长学习的首要目标。办学思想凝练，就是通过研究思考，系统总结办学主张和办学经验，把自己关于办学的核心观点提炼出来，把自己的办学思想有条理地、系统地、完整地表达出来；把自己的办学主张和实践经验上升到理论高度，对学校教育形成规律性的认识。[3] 张建等基于情境学习理论对名校长基地学习方式进行了探索，他们认为，学校场域、办学成就和教育思想是造就名校长的先决条件和核心要素，这是名校长成长模式从"他者"场域的机构培训走向"我者"场域的基地培养原因所在。名校长基地学习方式是一种在基地学校场域中，以基地学校名校长为导师，把基地学校发展、导师专业成长和学员学校问题作为研究案例的实践性、内生性校长学习方式。其中，基地主持人发挥引领性与示范性，校长学员学习具有实践性与情境性，科研课题强调实证性与驱动性。名校长基地学

---

① 王红霞.教育家型校长精神特质与培养 [J].中国教育学刊，2012（10）：8-11.

② 王红霞，王俭."主题提炼式"培训的实践探索 [J].教师教育研究，2012（9）：71-75.

③ 项红专，唐琼一，黄芳.基于办学思想凝练的——以"浙派名校长"工程为例名校长培训模式重构 [J].中小学教师培训，2016（10）：33-37.

习方式需要转变学习观念、重视合法的边缘性参与、构建校长实践共同体。同时，加强情境问题的理论指导，促使实践与理论的融通。①

秦鑫鑫认为，每个校长都有自己独特的成长背景和专业背景，不同出身的校长在成长为教育家校长的过程中也是各不相同的，应该让校长遵循个体专业成长的规律进行学习。由此，对教育家校长成长的过程进行探究，建立了教育家校长"金字塔"培训学习体系，该体系遵循教育家校长"三层次"发展脉络，兼顾校长培训学习的"五阶段"，其中，三层次是指校长成为教育家应该经历"先成才、后成名、再成家"，五阶段是指校长培训学习涉及任职资格培训学习、新任校长培训学习、骨干校长培训学习、专家型校长培训学习和教育家校长培训学习。②

王雁茹认为，教育家型校长作为校长专业发展的高级阶段，其自身具有不同于一般校长的精神特质，与此相应的学习方式也应凸显这一特征。针对教育家型校长的需求，学习要突出个性化、反思性、经验分享、理念提升及实践导向。翻转课堂学习方式所注重的问题解决、能力培养和参与性学习等非常适合教育家型校长培训学习。为此，应该从信息技术维度进行探索，构建翻转课堂培训学习方式。在这种方式中，校长的学习涉及三个阶段：课前确定问题并自主学习课程包，课中基于问题研讨、分享成果和总结反思，课后进行实践检验和反馈。③

二、中小学校长在培训中的学习方式的研究结论

综合以上研究文献梳理，笔者认为，我国当前校长培训中的学习方式探索研究已经进入到个性化、多元化、系统化的阶段，表现出立足校长实

---

① 张建，程凤春.名校长基地培养模式探析——基于情境学习理论视角 [J].中国教育学刊，2014（1）：44–48 页.
② 秦鑫鑫.教育家校长"金字塔"培训体系构建初探 [J].基础教育研究，2016（13）：11–15.
③ 王雁茹.论翻转课堂培训模式在教育家型校长培训中的应用 [J].中小学教师培训，2016（7）：20–23.

践、紧跟教育改革、分层分类构建等特点。

（一）立足校长办学实践，遵循校长学习规律，致力校长职业发展

校长的主要职责是领导和管理学校，引领学校发展，其工作性质从根本上就决定了校长学习的实践价值取向。从校长培训中的学习方式五类取向来看，实践取向的研究是排在首位的，受到大家更多的关注。相关研究中提及的"行动研究""案例教学""反映的实践者"等理论论述，都是在为校长学习的实践取向提供有利的理论支持。实践性取向毋庸置疑已经在校长学习探索和研究中形成了高度的统一和共识，并在校长培训实践中广泛地扎根。

在此基础上，值得关注的是研究者日益重视关系取向的学校方式研究，关注校长学习过程中的关系建设，大家逐步意识到校长培训学习中的各类主体及主体间关系，发现这些关系对学习效果的深刻影响，也由此认识到"学习共同体""参与式""个性化"等理念在学习中的重要性，并在实践中开始尝试与构建多种体现关系取向的学习方式。这种关系取向实质反映了校长培训学习的一种思想转型，即从培训机构的"培训"转向参训校长的"学习"，校长的主体性、自主性、参与性得到了充分凸显。相关研究中提及的"成人学习理论""情境学习理论""学习共同体理论"等论述，都是从校长作为学习者的视角出发去分析校长的学习规律，在此基础上研究培训的设计与实施。

与此同时，校长学习方式的研究不仅关注校长当下的实践与学习，还在向校长的职业生涯进行延伸，充分考虑校长的职业发展规律，构建基于校长专业成长的学习方式，体现出学习方式的职业取向。从我国历经的"补偿性培训学习""提升性培训学习""专题性培训学习"过程过来看，也体现了对校长专业成长规律的把握，即从基础的学历知识学习——拓展性的系统知识能力建构——个性化的思想、知识与能力提升。相关研究中提及的"发展性""一体化""职业生涯"等论述，也正体现了对基于校长职业发展的学习方式研究的关注。由于这种致力于职业发展的系统性培训模式关涉的因素较多，这些研究从理论设想到完全的实践落地可能还需要较

长的一段路，但是，这种探索是有价值且有必要去为之努力的。在此基础上，教育家型校长作为校长职业生涯发展的最上位，其学习方式受到了研究者们的格外关注，从现有丰富的文献可见一斑，笔者认为教育家型校长学习方式的研究将对职业发展各阶段校长学习方式的研究发挥重要的指引作用。

（二）紧跟教育改革步伐，通过专业化的学习服务于学校教育的变革

我国校长培训学习工作由国家政府主导，被纳入国家教育系统干部队伍建设的重要组成部分，受公共政策规定与指导。基于此，校长培训和教育改革与发展之间形成了天然的紧密关系。1999 年《中小学校长培训规定》从政策上正式建立了校长培训学习与教育改革的相关联系，2002 年《关于进一步加强和改进中小学校长培训工作意见》《全国教育干部培训"十五"规划》则进一步强调，校长培训学习要积极配合和推动基础教育改革与发展。[①] 校长培训学习为教育改革服务的定位完全确立。

当前我国教育发展已经进入内涵发展的新阶段，对校长的学习提出了挑战，教育发展方式必须作出相应改变。教育发展方式的根本转变取决于每一所学校发展方式的转变，取决于校长思维方式和工作方式的转变。因此，必须加强校长培训学习，优化校长培训学习过程中的要素组合与资源配置，采取多种举措，提高校长培训学习的针对性与实效性。[②] 由此，传统的知识取向和理论取向的校长培训需要调整，着眼于学校改革与发展的实践取向和经验取向的校长学习方式广泛兴起，"以问题为中心"的学习方式成为了帮助校长理解和应对教育改革与发展要求、促进教育发展方式转变的重要培训模式之一。事实上，从教育政策和学习方式之间的关系来看，政策一直在指导着校长学习方式的改进方向，以便致力于服务基础教育改革。如从"校长参与"的视角，有关政策中关于校长学习教学法的变化主要变现为："八五"期间的校长培训主要以最低程度的参与为主，注重讲座和阅读及反思的方式。在"九五""十五"期间，有关政策中则开始倡导

---

① 郑玉莲，陈霜叶. 促进教育均衡发展的校长培训机构改革：现状与政策评估 [J]. 教育研究与实验，2014（6）6：25-30.
② 褚宏启. 教育发展方式转变与校长培训改革 [J]. 中小学管理，2011（11）：17-19.

"综合运用理论教学、自学读书、研讨交流、案例分析、考察调研、论文写作等教学方法"。在"十一五"期间，全面参与的教学法得到重视，"挂职学习"、影子学习、行动研究等方式开始引起关注[①]。

（三）多元方式构建，顺应校长分层分类学习需求

校长培训中的学习方式研究当前呈现出百花齐放的态势，究其原因，是由于校长学习呈现出的多样性决定的。从研究文献中可以发现，校长培训学习已经建立相对完善的分层分类学习体系，从层级来看，涉及任职资格培训学习、提高培训学习、高级研修培训学习、名校长工程学习；从类型来看，涉及通识培训学习、专题培训学习等。不同的培训学习有其各自的学习目标、对象、内容等，为此也需要设计与之相应的学习方式。

目前的探索研究表现在三个方面：

第一，校长培训的不同发展阶段呈现出不同的培训学习方式。如"九五"期间为"补偿培训"，主要采取课程进修、问题研究与考察学习等方式；"十五"期间为"按需施训"，主要采取专题讲座——主题研讨方式、专家统领——教育会诊方式、基于研究——案例教学方式；"十一五"期间为"创新施训"，主要采取名校长培养——导师制方式、校长提高培训——网络方式、农村校长培训——市区两级联动方式、实践能力培养——基地挂职方式。[②]

第二，针对校长的不同专业发展阶段，采取不同的培训学习方式。如"中小学校长任职资格培训以掌握履行岗位职责必备的基本知识和技能为主要内容，课程设置以应知、应会为重点"，"保证一定的时间用于问题讨论、经验交流、案例分析等活动"。而国培计划中的优秀校长高级研修班，旨在"帮助校长凝练办学思想、形成办学风格、提升教育研究能力，培养一批教育家型校长后备人才"；名校长领航班旨在"促进校长创新教育实践，

---

① 卢乃桂，陈霜叶，郑玉莲. 中国校长培训政策的延续与变革（1989 –2009）[J]，2010（10）：95–117.

② 夏芳. 中小学校长培训模式的比较研究 [J]. 辽宁师范大学学报（社会科学版），2011（3）：62–65.

引领区域乃至全国教育发展，提升教育思想引领能力，造就一批在国内外具有较大影响力的教育家型校长"。其中，名校长领航班"通过基地引领研修、导师个性化指导、参训校长示范提升等方式，对参训校长进行有针对性的培养。"具体采取"选修课程、研读名著、同伴互助、听取名家讲坛、境内外实地研修考察等形式"的深度学习、"课题研究、项目合作、跟岗学习、发表成果等形式"的导师指导，"建立名校长工作室、与薄弱学校校长结对帮扶、巡回讲学、名校长论坛、成果展示等形式"的示范提升。

第三，系统整合多种方式，实现培训学习方式的结构化构建。从研究文献中可以发现，每种培训学习方式有其相对的优势和局限性，没有哪一种方式能够独立地解决校长学习中的所有问题，当前的校长培训学习越来越倾向对各种方式的整合性运用，即针对学习过程中不同的内容、不同的环节，采取相应最合适的方式，整个学习过程则融合了多种学习方式，相互之间取长补短，有机结合。正因为如此，当前的各种校长学习方式很难用参与式或案例式等某一种方式的名称来概括，这也体现了校长学习方式发展的一种新趋势。

三、中小学校长在培训中的学习方式的未来研究展望

当前校长培训学习方式研究取得了一定成果，这为校长学习方式研究奠定了深厚的基础，但与此同时，随着时代的发展和基础教育的变革，未来的校长学习方式研究还需要进一步深化和拓展，具体表现为以下三个方面：

（一）从"校长培训中的学习研究"向"校长学习研究"的拓展

校长培训从其学科研究方向本源来看，属于教学方式范畴。教学方式的研究在不断地创新，"教学"本身隐含着"教"与"学"，因此，教学方式的研究实质是教的方式与学的方式的共同研究。回溯教学方式研究的发展阶段也可以发现，其经历了教的方式研究——学的方式研究——教与学

共同体的方式研究，且研究者们对学的方式还在进行之中，还有许多待研究内容。校长培训中的学习研究也需要进行相应的研究转型，从"校长培训中的学习研究"向"校长学习研究"不断拓展，直指校长学习的参与主体和核心目标。为此，需要在已有的成人学习理论、情境学习理论等基础上，进一步深化校长的学习理论研究，整合教育学、心理学、管理学、经济学、脑科学等跨学科研究成果，深入探究校长的学习动机、学习特点、学习效果、学习路径、学习评价等，从根本上为校长的学习与专业发展提供理论与数据支持。

（二）丰富校长学习方式研究的方法，兼顾质性研究和实证研究

当前关于校长培训学习的研究基本上都是采用思辨的方式，体现为对校长学习的基础理论进行分析、对校长学习过程进行总结、对不同的校长学习方式进行比较等，对校长学习方式的实证研究不足，缺乏量化的数据分析。研究者们已经形成了大量学习方式的研究成果，如前文中提到的各种方式，这些方式在校长学习的过程中，实际发挥了哪些作用？分别对校长的学习有多大程度的帮助或影响？不同方式在不同的学习情境下到底有多大的差异？哪种方式最适合哪种学习情境？等等，这些问题的确切解答都有待于深入地开展实证研究，对相关数据进行深度挖掘分析。如果从传统的校长培训学习研究转向校长学习研究，就更是要求在现有质性研究基础上，对实证研究运用有所拓展和深化，尤其是关于校长学习动机、学习效果、学习评价的研究，需要对大量的过程性数据进行分析，以此科学、准确地把握校长学习与专业发展的情况，并为校长学习方式改进提供针对性的设计方案与策略。从某种意义上说，这也是在探索建立一种新的校长学习方式的研究范式，即从思辨质性的学习方式总结到实证量化的学习方式建构。

（三）体现时代发展的新特点，提升校长学习方式中的技术性与思想性

现有研究文献已经展现了校长培训中的学习和教育改革与发展之间的紧密关系，校长的学习要体现出教育改革的基本要求，服务并促进教育发

展方式的转变。而教育的改革与发展也是在应对现代社会发展对人才需求挑战的过程中不断推进的。当代社会日新月异，尤其是技术革新带来了社会学习、工作和生活方式的全面转型，突出表现出了技术性、创新性、合作性等重要的时代特征，这也对校长学习方式研究提出了新的要求。综合分析已有研究与时代要求，笔者认为，校长学习方式研究在未来需要进一步凸显技术性和思想性两方面。

首先，在技术性方面，研究者们对网络学习方式、信息技术学习平台方式、翻转课堂方式等做了初步探索，基于此，需要针对校长的工作特点和学习特点进行专门的信息技术支持研究，如研究者们十分强调的学校管理的情境式学习、体验式学习、参与式学习等，能否通过虚拟的信息技术环境设计得以实现？以区别于学生、教师等不同群体的学习特点及需求。又如人工智能技术的发展能否为校长学习方式的创新带来新的发展契机？等等，这些都是未来可以不断探索研究的新课题。

其次，在思想性方面，研究者们对不同阶段的校长学习方式也进行了探索分析，总的来看，越高级阶段的校长学习对校长思想性的要求越高，如高级研修班要帮助校长凝练办学思想、提升教育研究能力，而名校长领航班要促进校长创新教育实践，提升教育思想引领能力，成为较大影响力的教育家型校长。由此可以看出，思想性特征在校长专业发展中的重要性。但针对当前时代发展特征，笔者认为，无论是哪一个阶段的校长，其思想性的提升都是十分必要且重要的，每位校长的思想都影响着学校的发展与人才的培养，进而影响着社会的进步。思想是办学的本源，没有思想的引领，技能和策略就成为了无本之源。因此，校长学习方式在关注提升校长知识能力、解决办学实践问题、研究办学发展策略的基础上，还要进一步深入研究如何提升校长的思想性，包括思维品质、思想境界及个性化的教育思想等。现在许多培养基地已经在这方面开始探索，如通过导师指导课题研究等方式，取得了初步成效，但也还存在很多问题。这也将成为今后校长学习方式研究中的一个重点和难点。

附录 1

新时代教师教育学科建设的现状与方向

——北京教育学院教师教育学科建设研讨会综述

刘胡权　　李　雯

摘要：纵观我国教师教育的发展，从 21 世纪之初开始，经过了从"师范教育"到"教师教育"话语转换，到现在呈现出了强烈的学科建设诉求。教师教育发展至今，无论从政策、实践还是学术层面，都积累了一定的发展基础。在当前建设中国特色社会主义的新时代，教师教育学科建设迎来了良好的发展契机，但同时也面临着诸多的挑战，需要大力加强。2018 年 6 月 23 日，北京教育学院组织召开了《教师发展研究》创刊一周年座谈会暨教师教育学科建设研讨会（以下简称北京教育学会议），邀请来自全国 10 所师范大学的 13 位知名学者，立足基础教育改革与发展进程中中小学教师的专业发展，共同探索当前教师教育学科建设的基本问题。本文在回顾教师教育学科建设实践探索进程中三次重要学术会议的基础上，梳理了北京教育学院会议与会学者的主要观点，并在此基础上总结了当前教师教育学科建设的基本思考。

关键词：新时代　教师教育　学科建设　职后教师教育

一、背景：教师教育学科建设的发展历程梳理

2001 年，《国务院关于基础教育改革与发展的决定》第一次在政府的政策文本中以"教师教育"替代"师范教育"，提出要"完善教师教育体系，深化人事制度改革，大力加强中小学教师队伍建设"。2002 年 2 月，教育部颁发《关于"十五"期间教师教育改革与发展的意见》正式将"教师教育"界定为"教师职前培养、入职教育和在职培训的总称"。由此，伴随着教师教育改革实践及理论研究的推进，教师教育学科建设越来越多地受到关注。在教师教育学科建设学术研究与实践探索的进程中，有几次学术会议具有里程碑式的意义，梳理和汇集了前期的研究成果，也激发和催生了后续研究的开展。

（一）南师大会议与浙师大会议

在新世纪初，全国召开了两次关于教师教育学科建设的有影响的会议，以这两次学术会议为契机，涌现出一批关于教师教育学科建设的成果。第一次会议是 2006 年 12 月 8 日 –9 日在南京师范大学召开的首届"全国教师教育学科建设研讨会"，会议由中央教育科学研究所、南京师范大学和江苏省高教学会教师教育研究委员会主办，中央教育科学研究所教育理论研究部和南京师范大学教师教育学院承办。与会者讨论了教师教育学科创生和发展的现实基础和历史必然，认为教师教育学科建设既是教师教育专业化的时代诉求，又是教师教育大学化的必由之路，教师教育学科建设的目标指向应以教师教育专业化实践为导向，教师教育学科制度建设的方法路径应该以进入大学学科谱系为依托，奠定教师教育学科发展的思想基础。

第二次会议是 2008 年 12 月 13 日在浙江师范大学召开的"中国教师教育改革开放 30 年：回顾与展望"高端论坛，论坛由中国教育报、浙江师范大学共同主办。论坛围绕中国教师教育改革开放 30 年的主要成就与经验、面临的主要问题与创新举措、发展的战略前瞻 3 个主题进行了热烈的讨论。论坛发布了两本著作：《中国教师教育 30 年》和《聚焦中国教师教育》，以

对国内外教师教育发展的历程、现状和未来走势的准确把握为基础，通过对大量历史文献的梳理，从纵横两个不同的界面切入，立体而全方位地探讨了教师教育的相关问题。

（二）华东师大会议

2017年底，中央全面深化改革领导小组第一次会议审核通过《全面深化新时代教师队伍建设改革的意见》，明确提出"加强教师教育学科建设""突出教师教育特色""创新教师培养形态"等。2018年初，教育部等五部委联合发布《教师教育振兴行动计划（2018-2022）》，明确"开展教师教育改革实验区建设行动"，鼓励支持有条件的高校自主设置"教师教育学"二级学科，"建设一流师范院校和一流师范专业""分类推进教师培养模式改革"等。在这两个政策文件的感召之下，教师教育学科建设受到极大关注，面对教育改革与发展进程中诸多教师教育的实践问题，在此前研究成果的基础上，全国师范院校纷纷成立教师教育学院，积极开展教师教育学科建设实践与研究。

在这样的背景下，2018年5月11日，华东师范大学教师教育学院举办"中国首届教师教育学院院长高峰论坛"，聚焦我国教师教育学院推动教师培养中的核心问题，商讨教师教育学院自身建设，深入推进教师教育改革。会议聚焦教师教育学院机构建设与运行模式、学科教育教师队伍建设的机遇与挑战、教师教育课程建设的现状与困境、未来卓越教师培养的探索与实践等问题，探讨新时代教师教育的发展。会议也谈及教师教育学科建设相关问题，认为应该加强教师教育学科建设，提升教师教育的学术地位。

（三）北京教育学院会议

作为聚焦中小学校长和教师继续教育的成人高校，北京教育学院在"十二五"期间持续开展了继续教育学科建设的实践探索，并在学院"十三五"发展规划中明确提出学科建设的系统部署，以此作为学院事业发展的重要支撑和关键领域，部署实践探索与理论研究。2018年6月23日，北京教育学院组织召开《教师发展研究》创刊一周年座谈会暨教师教育学科建设研讨会，邀请来自全国 10 个师范院校的 12 位教育学院院长以及资深学者到会，包括西南师范大学副校长靳玉乐教授、北京师范大学教育学部部长朱旭东教授、华东师范大学教育学部副主任李政涛教授、北京大学教育学院陈向明教授、东北师范大学国际与比较教育研究所所长饶从满教授、首都师范大学教师教育学院院长田国秀教授、山东师范大学教育学部常务副部长徐继存教授、陕西师范大学教育学院副院长龙宝新教授、陕西师范大学教育学院郝文武教授、华南师范大学教师教育学部常务副院长王红教授、西北师范大学教育学院院长赵明仁教授、西北师范大学教育学院李瑾瑜教授。

北京教育学院会议聚焦中小学教师职后专业发展来探索教师教育学科建设，议题包括以下七个方面：教师教育学科与教育学其他下属二级学科的关系；教师教育学科建设的基本定位，与学科教育学、成人教育学的关系；教师教育学科建设的学科结构或者图谱，主干学科及其核心内容；教师教育学科建设要研究的主要理论问题和实践问题；教师教育学科建设知识生产与创新的主要领域及实践转化；教师教育学科建设的基本路径和主要策略；教师教育学科的国际比较与借鉴。与会学者紧紧围绕七个议题，结合各个高校的学科建设的实践探索和自身的学术研究，发表各自的真知灼见。

二、观点：教师教育学科建设的核心问题回应

梳理 13 位与会专家的发言，基本是围绕教师教育学科建设的基本问题展开：教师教育学科建设的意义、教师教育的研究对象、教师教育的学科性质、教师教育的知识体系和职后教师教育的学科建设问题。

（一）教师教育学科建设意义

多数专家高度认可教师教育学科建设的意义。他们认为教师教育学科

建设存在非常强劲的实践需求，具有非常有利的政策环境，也具备丰富的学科建设基础，当前非常有必要大力推进教师教育学科建设。朱旭东教授认为，新的时代背景下，应该抓住政策机遇，凝聚力量破解教师教育的相关难题。靳玉乐教授认为，当前研讨教师教育学科建设问题，聚焦"职后教师教育学"，显然是和北京教育学院的定位相契合的。李政涛教授认为，教师教育的学科建设要立足中国本土的经验与实践，在放眼中国中走向世界。王红教授认为，国家发展对教师教育人才的需求，教师教育专业化发展的需要以及填补教师教育理论空白等都势必要求加强教师教育的学科建设。

但也有专家表达不同观点，确切地讲是对于教师教育学科建设的忧虑。徐继存教授认为教师教育的研究对象、研究问题、研究范畴仍然比较模糊，难以凝练成一个基本的研究范式，形成基本的知识体系基础，因此应该"审慎成学"。李瑾瑜教授认为教师教育学科建设虽然具备了良好的发展基础，但是从"学科"要素来看，相关的概念、范畴、原理、命题等还不是很清晰严谨，知识体系、理论基础凌乱，缺乏深度，研究方法相对单一，对实践问题的回应、解释及跟进能力有限，教师教育仍面临一定的"学科"距离，"难以成学"。

（二）教师教育学科的研究对象

郝文武教授认为，教师教育对象的重要性决定了教师教育学科建设的重要性，教师教育对象的问题决定了教师教育学科建设的经验教训和需要解决的问题，甚至也决定了教师教育学科建设的主体、目标、任务、内容和方式。他认为，教师教育者及其活动规律是教师教育的基本现象和规律。教师教育学的对象不是一般的人，而是教师，或者作为教师的人。教育学的对象是教育现象，教师教育学的对象是教师教育现象，任务是揭示教师教育的规律，或者教师教育的合理性。即便是教师也有不同层面与类型、不同学科、不同地域等，也就构成了不同的教师教育现象及教师教育学和学科建设的不同特点。他认为，职前教师教育在很大程度上是学科知识和实践技能导向，职后在很大程度上是现实和实践问题导向。

朱旭东教授认为，要确立教师教育学科的研究对象，首先要厘清教师教育学和其他学科之间的关系。他认为要处理好三个关系：教师教育学学科与教育学之间的关系是包含关系、目的与手段的关系；教师教育学科与学科教学论之间的关系是"人"（师范生）和"事"（学科教研）的关系；教师教育学科与大学中学科教育学的关系，大学的学科教育学是教师教育学科建设的基础，急需关注大学中学科教育学的发展。

王红教授认为，教师教育学科的研究对象具有特殊性，主要体现在：与教育学研究对象的不同，教师教育的研究对象是具有职业定向性的教师（Professional Student）；在教师教育学科内部存有两种对象，一种是无个体经验的"准教师"，一种是具有丰富个体经验的在职教师。她认为，教师教育学范式就是教师教育科学共同体成员所共有的东西，由共同的信念、价值、技术等构成的整体，她基于哲学范式、社会学范式和人工范式的分析，认为教师教育学科的研究对象是"教师培养与发展现象与问题"。

龙宝新教授也强调了教师教育学科的特殊性，主要体现在：（1）作为领域知识聚合体的复杂性，即领域知识主宰，学科知识稀薄；外借知识为主，自产知识较少；共识知识主打，科学知识为辅；学科范式不定型，"边界漂移"现象普遍。（2）人人皆教育家的泛主体，即学者、政客、家长可以轻易跻身教育学术圈；教育学家与非教育学家间界限模糊，缺乏硬标准；教育学术与教育实践的"分体"现象明显。（3）"教育＋学科"构架的复合性，即教师教育学科都是"大教育学科"；以学科教学实践为轴心的统合体；学科生命的双依赖性，学科与教育共融性。

（三）教师教育学科的学科性质

朱旭东教授认为，教师教育具有三种属性：政治属性，涉及教师教育的管理；实践属性，涉及培养的教育模式；学术属性，建基在学术学科之上。

李政涛教授认为，教师教育学科建设应遵循从问题、领域再到学科的逻辑。他以北京教育学院职后教师教育学科建设为例，认为应该以问题、实践为逻辑起点，再逐步以学科为视角和眼光，整体布局教师教育学科建设。

陈向明教授也强调教师教育学科的实践属性，她认为职前教师教育应从问题入手，以核心实践为主要内容开展，而职后教师教育则可以引入学科理论和逻辑体系，但要与教师的具身实践反思相结合。

靳玉乐教授认为，教师教育学科建设不能够排斥由概念到概念，通过逻辑的方式建构理论体系，但更重要的是通过问题，通过实践的探究，把经验升华为理论，要坚持问题先导，实践为重。

徐继存教授认为，教师教育作为重要的研究领域，具有多学科的交叉、综合与互补。教师教育需要确立自己相对独立的研究对象与研究领域，在这个问题没有完全取得共识之前，他不主张把教师教育学科分化为无数个学科或庞大的学科群。他认为，教师教育要解决的问题或基本矛盾是日益增长的教育需求和优质师资匮乏的矛盾，根本目的也不过就在于培养和招收一批优质的教师队伍，因此优秀教师的成长与发展可能成为一个焦点，这个应该是教师教育学科确立的知识基础或经验基础。他认为，只有当知识积累到一定程度，教师教育学才能真正成为一个具有学科内涵的学科。教师教育学科应该是个行动的学科，是思想与行动相统一的学科，正是思想和行动的统一才可以凝练从事这个学科的人的德性，可以提升这个学科的尊严。

（四）教师教育学科的知识体系

朱旭东教授基于教师教育学科与教育学其他二级学科的关系，提出教师教育学科的人才培养逻辑，设立幼儿园、小学、中学、职教、特殊教育、大学六大教师教育专业。同时，完善教师教育学科知识体系逻辑，包括教师教育原理、教师教育史、教师教育课程和教学、教师教育研究方法（论），等等。此外，他认为教师具有全专业属性（学习的专业、教授的专业、学科的专业、伦理的专业）。基于教师的全专业属性，他提出教师教育的学科突破，即教师教育学科怎么围绕这样四个专业来构建教师教育支撑的学科体系。

陈向明教授认为，教师教育的知识创新应遵循教师工作的实际。她指出，教师工作具有复杂性，很难用一些原理、原则的东西说清楚，教师很难联系到自己的日常工作中去，他们就像在低洼的沼泽地里面挣扎，甚至连自己的问题到底是什么都说不清楚，不像理论工作者可以在高地建构自己的理论。她认为，教师的知识不论是为了实践的知识（Knowledge for practice）还是实践中的知识（Knowledge in practice），都是不够的，都有偏颇性。如果能够将两者结合起来，成为实践知识（Knowledge of practice），更有利于教师的培养和发展。

饶从满教授基于教师教育学科的知识基础，提出教师教育研究的四方面课题。第一，教师研究。主要包括教师素质结构研究（核心素养研究）；教师学习方式及其特征研究（作为成年人的研究，学徒期观察对教师的影响，转化学习理论视角下的教师学习）；教师发展轨迹及其影响因素研究（生涯阶段理论视角，生命历程理论实际视角）。第二，教师教育者研究。主要包括教师教育者的素质结构研究，如教师教育者的核心素养（不同类型、不同阶段的教师教育者），教师教育者专业标准；教师教育者的发展轨迹与方式研究，如教师教育者的发展轨迹，教师教育者的发展方式；教师教育师资队伍建设研究，如教师教育者的培养、教师教育者的在职教育。第三，教师教育模式研究。主要讨论教师教育中大学与中小学的关系，教师教育者的学科专业与教育专业的关系，教师教育中理论与实践的关系。第四，教师教育效果评价研究。主要涉及评价指标体系的有效性，评价的公平性、可行性和可操作性等。

徐继存教授认为，教师教育学是个交叉的学科，基本范畴很难是单一的，但也不能过于分散，所以必须从分层交叉走向多元的整合、聚合。教师教育的研究范畴既包括教师个体的素质结构与发展过程，也包括教师教育的结构与功能、测量与评价，围绕这些板块可以确立教师教育学科的基本逻辑框架，也可以从别的角度探讨。

郝文武教授认为，教师教育学既然是教育学科的分支学科，就应该重视基本理论、教育哲学、教育学、普通课程教学论等知识的教学；教师教育学既然是面向不同学科教师的教育学教育，就应该重视学科教学论的教学和课程建设；教师教育学既然是面向中小学教师和大学教师、职前职后的教师，既然有专科、本科、硕士、博士等不同层次，教学目标和内容也应该有不同的层次和类型。

赵明仁教授认为，教师教育学是研究教师成长与培养的知识系统，是以教师成长规律为基础，探究教师职前与在职发展过程的学问。他以美国《教师教育研究手册》为例，认为教师教育研究的主题包括教师教育基础、教师专业性、教师教育模式、教师教育课程、教师教育教学、教师教育评价、学科教师教育课程、教师教育管理等。在职教师教育学科的主要内容应包括教师的生涯周期、优秀教师的特征、教师的成长机制、在职教师教育课程设计、在职教师教育教学、在职教师教育评价、教师管理等。在职教师教育学科建设应坚持理论取向、实证取向和本土取向。

（五）职后教师教育的学科建设

靳玉乐教授认为，强化职后教师教育建设非常重要。他认为，职后教师教育学科建设首先不能回避一个哲学前提"教师是什么"，它制约着教师教育学科建设的方向。教师因社会而存在，教师因学生而存在，教师为个人而存在，教师是一种社会存在，是一种关系存在，也是一种个体存在。教师教育学是为了教师发展和成长的学问，必须把教师放在第一位，这是学科建设的前提。其次，职后教师教育应以职后为重，但不忘职前，一定要从一体化的同等的概念来考虑职后的教师教育学科建设，职前职后一体化，不能把两者割裂、割断。第三，教师教育学科建设既要探讨教师的职业发展，更要研究和思考教师个体作为人的成长，把这两个方面整合起来，这是教师教育学得以建立的核心议题。教师的职业发展关注的是教师的专业伦理、专业知识、专业智慧的发展，而教师的个体成长关注的是教师的价值、心理和行为的改变。

王红教授特别强调职后教师教育学科建设非常重要。她形象地比喻职前教师教育和职后教师教育是"四年"和"四十年"的关系，即职前培养是通过四年的师范教育对潜在的未来教师培育的过程，而教师培训是注重教师职后的专业成长，是对在职教师长达四十年的专业提升过程。由此可见，职后教师教育学科建设的必要性。

李政涛教授认为，北京教育学院的职后教师教育学科建设要立足北京教育、立足北京实践、立足北京问题、立足北京经验，以问题、实践为逻辑起点，同时放眼中国，勾勒教师教育学科的学术地图，找到标杆，寻找优势、劣势和发展点。在此基础上，走向世界，讲好北京的教师教育故事，走出中国的教师教育学，做出中国贡献。

田国秀教授提出了"优势取向的职后教师教育"。她认为，教育的本质是关系。谈教师教育学科建设既要涉及这个学科的从业者与整体学术共同体的关系，又要关注与学科建设密不可分的教育对象的关系，包括职前教育对象和职后教育对象。前一个问题关乎教师教育学科在学术共同体中的地位、声音、权力，后一个问题关乎教师教育学科建设的实践价值与时代定位。对于职后教师教育而言，以往基本是问题取向、缺陷取向，即假设教师们来进修是因为知识陈旧了、教法落后了、需要充电了。基于这样一种假设，培训者与受训教师的关系成为我有你无，我多你少，我知你不知的结构。导致的结果是，培训者自我中心，真理在握，居高临下，很少深刻反思在职教师的真需要、真问题，形成的教育关系是我讲你听，我说你记，基本没有发挥职后教师的能动性与内驱力。优势取向也叫资源取向，基本假设是职后教师有着丰富鲜活的实践经验，形成了富有特色的知识特征。他们对于教育现实的理解与应对，可能不是高深的、学理化的、系统的理论知识，但是鲜活的、个性化的、有针对性的实践知识。而这恰恰是教师知识的优势所在。因此，职后教师教育学科的建设与发展，必须充分认可职后教师的实践知识、个性化知识，才能从根本上激活职后教师主动学习、自我发展的动力。从教育政治学的意味上说，是推进教育平等，给一线教师赋权、增能的路径之一，也是教师教育学科建设不可或缺的内容。

钟祖荣教授介绍了北京教育学院特色的教师培训体系和"3+1+N"（三大计划：启航、青蓝、卓越；一项协同创新学校计划：基于学校需求与现场的行动研究与培训；N项教育改革专题培训：短、小、新、实的专题培训）的人才培养模式，以及基于学院实际工作需要的、具有功能导向和实践导向的学科建设状况及其取得的部分成果。他认为，教师培训学科是教师教育学科的一个组成部分，学科建设应基于教师培训的工作，这是实践基础。在此基础之上，从学术学理的角度、从学科的角度探讨相关的问题。

三、共识：教师教育学科建设的基本判断

纵观教师教育的发展历程，经过了从话语转型到学科诉求的发展过程。教师教育发展至今，无论从政策、实践还是学术层面，都积累了一定的基础。较之 2006 年南师大会议对教师教育学科建设的讨论，与会专家一致认为，新时代教师教育迎来了一个良好的发展契机，虽面临诸多挑战，但应该明确建设主体，遵循学科建设规律，加强整体布局，坚持四项基本取向，大力加强教师教育学科建设。

（一）已经具备一定的发展基础

首先，从知识体系基础来看，教师教育学科在分化，开辟了教师教育基础、教师专业性、教师教育模式、教师教育课程、教师教育教学、教师教育评价、学科教师教育课程、教师教育管理等研究领域，使得教师教育研究逐步深入，给教师教育学科发展带来新的生机和活力。教师教育学科在分化的同时又与横向学科综合、交叉和渗透，形成教师教育哲学、教师教育史、教师教育政策、教师教育管理等研究内容。其次，从制度基础来看，经过 20 多年的发展，教师教育学科建设逐渐呈现出规范化的局面，相关学会、专门研究机构、学术刊物已经建立和创办。然后，从队伍基础来看，相关的硕博点已经设立，专门的教师教育学院也陆续设立和发展，教

师教育研究的队伍逐渐壮大，作为独立学科的构建工作也逐步提上议事日程。最后，从理论基础来看，出版了一批系统介绍国外教师教育理论与经验的专著和译著，也出版了一批本土的教师教育学专著、教材、系列丛书，奠定了学科建设的基础。

（二）仍然面临诸多的发展困境

首先，较之 2006 年南师大会议，教师教育学科建设在学科性质、研究对象、研究方法等方面已经取得了很大的共识，但是在学科概念、范畴、原理、命题、知识体系等方面仍存在一定分歧，相关的研究及理论基础尚欠缺。其次，较之蓬勃发展的教师教育实践，教师教育研究的深度跟进与更新不足，教师教育本应扎根教师教育实践以回应实践或问题所需，然而实践迅猛发展，理论建设明显落后。第三，"教师教育"作为舶来品，屈从于西方的话语体系，尚未生成立足国情、解释本土的话语体系，因此难以彰显中国特色，也难以与世界交流，做出应有的中国贡献。第四，尽管教师教育建设目前具备一定的知识体系基础、理论基础，但教师教育的理论研究力量仍然十分薄弱，教师教育的学科发展缺乏系统筹划，理论基础出现偏差，研究内容过于肤浅，理论视野过于狭隘，研究方法相对单一等。因此，教师教育的学科建设仍需加强。

（三）应该遵循的建设路径

一是要明确建设的主体。2018 年初，中共中央、国务院颁布《关于全面深化新时代教师队伍建设改革的意见》提出，"明确教师的特别重要地位""实施教师教育振兴行动计划，建立以师范院校为主体、高水平非师范院校参与的中国特色师范教育体系，推进地方政府、高等学校、中小学'三位一体'协同育人"。教师教育是以教育学学科和专业为核心、多学科协同运行发展构成的综合学科和专业，建设一流教师教育必须使各学科优化组合、协同发展，必须首先建设好决定师范院校性质或本质的教育学学科。建设教师教育学科，必须强化师范大学的师范性，以师范大学为主带动师范院校和其他教师教育组织、机构。

二是要遵循学科建设的一般规律。从一般"建设"的意义上看，教师教育学科建设主要包括构建学科知识体系，确定学科内容范围，完善学科学术组织，建立专业师资队伍，建设学科发展基地，建立学科保障制度等。学科制度、课程体系、学术队伍是保证学科建设的重点，其中学术队伍是学科建设的核心。知识的创造、转化和应用，都必须通过培养一支优秀的、有创造力的学术研究队伍。我们也可以从"学科"的特质进一步看教师教育学科建设，也就是通过理论体系的构建，使教师教育获得独立性，然后通过学科设置和学科性的专业建制等过程，建立起该学科稳定的研究制度和训练制度。学位点、学术组织、学术平台、学术刊物等是学科制度建设"核心"，在具体实施方面可以参考高等教育学及教育技术学的学科建设路径。

三是加强整体布局。教师教育成"学"需要多层努力。宏观层面，主要是学科定位、学科规划、学位点设置、学科门类、学科结构与体系等，成为大学学科结构和学科布局的组成部分。中观层面，主要是一级学科的建设中将教师教育纳入学科群的建设，通过学科划分、学科设置、学科建制，从而成为一级学科下的分支学科。微观层面，即就教师教育作为二级学科建设而言，主要是通过学科方向的凝练，学科带头人的遴选与培养，学术梯队建设、学科基地建设等提高学科水平。

四是坚持四项基本取向。首先，坚持教师取向。教师教育学科建设必须首先回答"教师是什么？"，对这个问题的回答，制约着学科建设的方向。教师因社会而存在，教师因学生而存在，教师为个人而存在。"教师"是一个"活人"与"全人"，教师教育就是关于教师的"整全发展"与"全人教育"。因此，必须树立"教师第一"的观念，这是学科建设的前提。其次，坚持中国取向或本土取向。与会专家一致认为，中国有着全世界最伟大的教师教育实践，有着深厚的师道传统，我们必须有属于自己的教师教育知识体系。所以，教师教育学科建设，应当具有非常清晰的中国取向，总结、提炼中国智慧，讲好教师教育的中国故事。第三，坚持问题取向或实践取向，这是由教师教育的学科性质决定的，作为一门学科存在，理论体系建设自然重要，但实践本源更为重要，应坚持问题先导，实践为重，从问题到领域再到学科。最后，坚持多学科或跨学科取向。教师教育的学科建设本身就是学科不断分化、整合、交叉、融合的过程，因此必须借助多学科的视角、知识、理论、方法，以"跨学科"为路径和抓手，带动相关学科聚焦攻关。正如有的专家所言，用"穿越思维""跨界思维"加强教育学与具体学科间的内部整合，用"横断学科"思维建设教师教育学科，用"教育思维"统整教师教育相关学科。

附录 2

近二十年有关教师学习与专业发展的教育政策简介

1.《中小学教师培训教育工程方案》

进入 21 世纪，教师专业发展和教师专业化成为教师制度改革的主旋律。2000 年 3 月颁布的《中小学教师培训教育工程方案》从工程目标、行动计划、基础建设项目和条件保障四个方面对中小学教师在职培训予以规定，并提出"对现有约 1000 万名中小学教师基本轮训一遍"。

2.《关于基础教育改革与发展的决定》

2001 年 5 月 29 日，国务院颁发《关于基础教育改革与发展的决定》提出要完善教师教育体系，加强中小学教师队伍建设，"以转变教育观念，提高职业道德和教育教学水平为重点，紧密结合基础教育课程改革，加强中小学教师继续教育工作，健全教师培训制度，加强培训基地建设。加大信息技术、外语、艺术类和综合类课程师资的培训力度，应用优秀的教学软件，开展多媒体辅助教学。加强中青年教师的培训工作。在教师培训中，要充分利用远程教育的方式，就地就近进行，以节省开支。对贫困地区教师应实行免费培训"。

3.《关于"十五"期教师教育改革与发展的意见》

2002 年 2 月，教育部颁发《关于"十五"期教师教育改革与发展的意见》提出要认真做好基础教育新课程的教师培训工作，要求中小学教师在实施新课程前都要接受培训，做到"先培训，后上岗；不培训，不上岗"。

4.《2003–2007年教育振兴行动计划》

2004年2月10日，教育部颁布《2003–2007年教育振兴行动计划》，进一步提出以"新理念、新课程、新技术和师德培训"为内容的中小学教师培训新要求，并于2005年颁布了《中小学教师教育技术能力标准》，其宗旨是提高中小学教师教育技术应用能力和水平，建立中小学教师教育技术培训和考试认证制度，组织开展以信息技术与学科教学有效整合为主要内容的教育技术培训，进而提高广大教师实施素质教育的能力水平。2004年《教育部关于加快推进全国教师教育网络联盟计划组织实施新一轮中小学教师全员培训的意见》提出要加快推进教师网联计划，构建开放高效的教师终身学习体系。按照"三步走"的发展方针，争取用五年左右的时间，构建以师范院校、其他举办教师教育的高校和教育机构为主体，以高水平大学为先导和核心区域，教师学习与资源中心为支撑，中小学校本研修为基础，职前职后教育一体化，学历教育非学历教育相沟通，覆盖全国城乡、开放高效的教师教育网络体系，共享优质教育资源，提高教师培训的质量水平。

5.《国家中长期教育改革和发展规划纲要（2010–2020年）》

2010年颁布的《国家中长期教育改革和发展规划纲要（2010–2020年）》在第十七章"加强教师队伍建设"中提出要提高教师业务水平，"完善培养培训体系，做好培养培训规划，优化队伍结构，提高教师专业水平和教学能力。通过研修培训、学术交流、项目资助等方式，培养教育教学骨干、'双师型'教师、学术带头人和校长，造就一批教学名师和学科领军人才"。同时，中央财政支持启动了"中小学教师国家级培训计划"（简称"国培计划"），实施优秀骨干教师示范性培训、中西部农村教师培训、紧缺薄弱学科教师培训、班主任教师培训、学前教师培训、特殊教育教师培训等重要项目，为各地推进教育改革发展和开展教师培训输送一批"种子"教师，并探索创新教师培训模式，开发教师培训优质资源，建设教师培训重点基地，为中小学教师特别是中西部农村教师创造更多更好的培训机会，提供优质培训服务。为持续推动"国培计划"顺利实施，《关于遴选推荐

"国培计划"专家库人选的通知》《关于做好国培计划教师培训机构遴选工作的通知》和《关于加强国培计划项目绩效考评工作的意见》等陆续颁布，对专家库人选推荐、培训机构的遴选、项目绩效考评等做出规范要求，构建起"国培计划"政策体系，也为"国培计划"搭建了基本框架。根据基础教育发展的需要和"国培计划"实施环节出现的问题，2010 至 2014 年期间，教育部和财政部联合发布关于做好"国培计划"实施工作的通知，适时调整师资培训要求。

6.《关于大力加强中小学教师培训工作的意见》

2011 年 1 月，教育部贯彻落实教育规划纲要，颁布《关于大力加强中小学教师培训工作的意见》，提出以实施"国培计划"为抓手，推动各地通过多种有效途径有目的有计划地对全体中小学教师进行分类、分层、分岗培训。之后五年，对全国 1000 多万教师进行每人不少于 360 学时的全员培训；支持 100 万名骨干教师进行国家级培训；选派 1 万名优秀骨干教师海外研修培训；组织 200 万名教师进行学历提升；采取研修培训、学术交流、项目资助等方式，促进中小学名师和教育家的培养，全面提升中小学教师队伍的整体素质和专业化水平。同时，还就培训内容优化、培训方法应用、培训制度建立、培训结果评估等方面内容进行了规定。

7.《大力推进教师教育课程改革的意见》《教师教育课程标准（试行）》

2011 年 10 月 8 日，教育部颁发《大力推进教师教育课程改革的意见》和《教师教育课程标准（试行）》（以下简称《课程标准》）。《课程标准》以"育人为本、实践取向、终身学习"为理念，从教育信念与责任、教育知识与能力、教育实践与体验三个维度规范教师培养过程，并对在职教师教育课程设置提出了框架性建议，要求非学历教师教育课程方案的制订，要针对教师在不同发展阶段的特殊需求，提供灵活多样、新颖实用、针对性强的课程，满足教师专业发展的多样化需求，这是在中国教师队伍建设上具有里程碑意义的政策。2011 年 11 月，教育部办公厅同时颁布了《关于开展示范性县级教师培训机构评估认定工作的通知》和《示范性县级教师培训机构评估认定标准》，对县级教师培训机构提出了多方面的标准要求。

8.《幼儿园教师专业标准（试行）》《小学教师专业标准（试行）》和《中学教师专业标准（试行）》

2012 年 2 月，教育部在广泛征求全社会意见和建议的基础上，又颁布了《幼儿园教师专业标准（试行）》《小学教师专业标准（试行）》和《中学教师专业标准（试行）》，提出以"学生为本""师德为先""能力为重""终身学习"四个基本理念作为教师在专业实践和专业发展中应当秉持的价值导向。2012 年，教育部、国家发展改革委、财政部《关于深化教师教育改革的意见》提出，建立以师范院校为主体、教师培训机构为支撑、现代远程教育为支持、立足校本的教师培训体系。各地要推进县级教师培训机构与教研、科研、电教等部门的整合与联合，规范建设县（区）域教师发展平台，统筹县域内教师全员培训工作。依托现有资源，加强小学幼儿园教师、职业学校教师、特殊教育教师和民族地区双语教师培养培训基地建设。

9.《关于深化中小学教师培训模式改革全面提升培训质量的指导意见》

2013 年 5 月 6 日，教育部颁发了《关于深化中小学教师培训模式改革全面提升培训质量的指导意见》，提出增强培训针对性，确保按需施训；改进培训内容，贴近一线教师教育教学实际；转变培训方式，提升教师参训实效；强化培训自主性，激发教师参训动力；营造网络学习环境，推动教师终身学习；加强培训者队伍建设，增强为教师提供优质培训的能力；建设培训公共服务平台，为教师提供多样化服务；规范培训管理，为教师获得高质量培训提供有力保障。

10.《乡村教师支持计划（2015-2020 年）》

为了吸引优秀人才到乡村任教，带动并促进全国中小学教师队伍整体水平的提高，2015 年，《乡村教师支持计划（2015-2020 年）》提出，"从 2015 年起，'国培计划'集中支持中西部地区乡村教师校长培训。鼓励乡村教师在职学习深造，提高学历层次"，进一步精准培训对象，集中支持中西部地区，凸显乡村教师队伍建设的地位。此后，陆续发布系列政策文件，通过改进培训内容、创新培训模式、加强培训团队建设、建设乡村教师专业发展支持服务体系等举措，使"国培计划"真正落地，为造就一支扎根乡村的优质师资队伍提供动力。

11.《关于大力推行中小学教师培训学分管理的指导意见》

2016 年 12 月 15 日，教育部《关于大力推行中小学教师培训学分管理的指导意见》提出，要在中小学校包括普通中小学、幼儿园、特殊教育学校、中等职业学校等实施教师培训学分管理制度。省级教育行政部门要依据国家制定的教师专业标准、教师教育课程标准和教师培训课程标准等相关规定，结合本地中小学教育教学实际需要和教师专业发展需求，分层、分类、分科建立教师培训课程体系，合理设置必修课程与选修课程，对不同层次与类型的培训课程赋予相应学分；地方各级教育行政部门要依据教师培训学分标准，分层制订教师培训规划，明确培训核心课程，为培训机构针对不同层次的教师开发系列化、周期性的培训课程提供依据；省级教育行政部门要科学确定教师培训学分结构体系，明确学分总量，提出国家、省、市、县、校等不同级别培训以及教师自主研修的学分比例要求，规范引导地方教育行政部门和中小学校为教师提供多样化、个性化的培训服务，合理制订培训学时与培训学分转换办法；省级教育行政部门要探索建立教师培训学分银行，记录和存储教师参加培训与自主研修的成果，支持培训学分的查询、累积和转换，为高等学校认可培训学分、入学历教育提供服务；支持高等学校和教师培训机构通过课程衔接、学分互认等方式，建立非学历培训与学历教育的衔接机制，搭建教师专业成长的"立交桥"，拓宽教师终身学习通道，推进学习型社会建设。

12.《关于全面深化新时代教师队伍建设改革的意见》

2018 年 1 月，中共中央、国务院印发《关于全面深化新时代教师队伍建设改革的意见》，要求以促进教师终身学习和专业发展为目标，通过转变培训方式、改进培训内容、搭建教师培训与学历教育衔接的"立交桥"等措施，全面提高中小学教师质量，这是引导新时代中小学教师队伍建设的行动指南，体现了党和国家对教师队伍建设的高度重视，对开创教师培训的新时代具有纲领性作用。2018 年 3 月，教育部等五部门印发《教师教育振兴行动（2018-2022 年）》，提出经过 5 年左右的努力，"办好一批高水平、有特色的教师教育院校和师范类专业，教师培养培训体系基本健全"，进一步明晰了新时代教师队伍建设的新任务和新要求，教师培训迎来重要的战略机遇期。①

① 曲铁华，龚旭凌.新中国成立70年中小学教师培训政策的回顾与展望[J].河北师范大学学报（教育科学版），2019（3）：52.

附录 3

近十五年教师学习与专业发展的硕博论文索引

- 博士论文

1. 张莉. 专业共同体中的教师知识学习研究 [D]. 东北师范大学，2017.

2. 李茹. 民族地区高校外语教师学习及支持研究 [D]. 西南大学，2017.

3. 金琳. 学习共同体中教师研究者成长案例研究 [D]. 苏州大学，2016.

4. 陶伟. 高校青年英语教师"转化性学习"案例研究 [D]. 苏州大学，2016.

5. 刘蕴秋. 实践智慧探索：社会文化视域下的中国英语教师发展研究 [D]. 华东师范大学，2014.

6. 徐鹏. 教师整合技术的学科教学知识影响因素模型构建研究 [D]. 东北师范大学，2014.

7. 韩春燕. 学科多元化转型中的教师发展话语 [D]. 浙江大学，2013.

8. 王栋. 教师行动学习研究 [D]. 上海师范大学，2013.

9. 王芳. 课程改革背景下师范生教育实习状况及影响因素研究 [D]. 东北师范大学，2010.

10. 孙传远. 教师学习：期望与现实 [D]. 上海师范大学，2010.

11. 王美. 面向知识社会的教师学习——发展适应性专长 [D]. 华东师范大学，2010.

12. 弋文武. 农村教师学习问题研究 [D]. 西北师范大学，2008.

13. 张敏. 教师自主学习调节模式及其机制 [D]. 浙江大学，2008.

14. 董宏建. 网络环境下教师跨学科协作学习研究 [D]. 华东师范大学，2008.

• 硕士论文

15. 范厉杨. 研究课中的教师学习：探究经验教师信念和实践的变化 [D]. 北京外国语大学，2019.

16. 容珍. 幼儿园教师学习现状的调查研究 [D]. 河北师范大学，2019.

17. 李倩. 教育戏剧实践中的教师学习个案研究 [D]. 华东师范大学，2019.

18. 胥媛媛. 教师学习视野下的校本教研研究 [D]. 云南师范大学，2018.

19. 胡玥琳. 中学教师学习现状调查研究 [D]. 陕西师范大学，2018.

20. 李东欣. 基于教师学习共同体的名师工作室研究 [D]. 杭州师范大学，2018.

21. 杨芮涵. 农村小学教师学习的学校支持研究 [D]. 扬州大学，2017.

22. 时艺萌. 小学教师学习力现状与对策的个案研究 [D]. 深圳大学，2017.

23. 宋岭. 跟踪指导培训：原理、问题与对策研究 [D]. 西北师范大学，2017.

24. 文环环. 民族地区中学教师学习现状、问题及对策研究 [D]. 西北师范大学，2017.

25. 黄煜. TPACK 发展背景下的大学英语教师建构性学习的个案研究 [D]. 湖北师范大学，2017.

26. 万亚君. 生态取向的教师学习研究 [D]. 河南大学，2017.

27. 程丹. 教师学习情境性评价研究 [D]. 西南大学，2017.

28. 蒋海琴. 小学教师自主学习研究 [D]. 扬州大学，2016.

29. 张玉. 库伯经验学习理论视角下的教师学习研究 [D]. 山西大学，2016.

30. 段鑫玺. 乡村小学教师的学习：现状、问题与对策 [D]. 湖南科技大学，2016.

31. 金琳. 学习共同体中教师研究者成长案例研究 [D]. 苏州大学，2016.

32. 金菲. 文化资本视角下教师学习动力激发研究 [D]. 安徽师范大学，2016.

33. 谷明非. 基于自我决定理论分析中小学教师职后培训中的教师学习动机 [D]. 陕西师范大学，2015.

34. 牛金莲. 小学教师生态学习现状的调查研究 [D]. 浙江师范大学，2015.

35. 李艳. 教师学习共同体建构的个案研究 [D]. 西北师范大学，2015.

36. 马昕. 基于案例推理的教师学习 [D]. 华东师范大学，2015.

37. 朱园芳. 校长的教师学习领导力个案研究 [D]. 杭州师范大学，2015.

38. 余香红. 教学比赛中的教师学习：四位小学新手英语教师的个案研究 [D]. 北京外国语大学，2014.

39. 施莹亚. 理解课程开发中的教师学习：RICH 个案研究 [D]. 浙江师范大学，2014.

40. 刘瑞. 西安市中学教师学习现状调查研究 [D]. 陕西师范大学，2014.

41. 解鸣. 基于教师专业发展的教师学习探究 [D]. 曲阜师范大学，2014.

42. 程佳铭. 教师备课与学生学业成就以及教学实践、教师学习的关系 [D]. 华东师范大学，2013.

43. 李杏丽. 小学教师学习动机问题研究 [D]. 东北师范大学，2013.

44. 牛奔. 开封市中小学体育教师学习现状研究 [D]. 河南大学，2013.

45. 郑丁. 实践共同体中英语教师学习的研究 [D]. 西南大学，2013.

46. 潘改霞. 教师隐性学习研究 [D]. 河南大学，2013.

47. 王栋. 教师行动学习研究 [D]. 上海师范大学，2013.

48. 史婷婷. 心智模式视角下中小学教师学习过程研究 [D]. 西北师范大学，2012.

49. 张新峰. 农村初中英语教师在学习活动中专业成长的叙事研究 [D]. 浙江师范大学，2012.

50. 曾玉萍. 学习科学视角下的教师学习研究 [D]. 江西师范大学，2012.

51. 成佳. 教育信息化背景下中学教师学习需求调查研究 [D]. 陕西师范大学，2012.

52. 孙丽颖. 中学教师自主学习现状及其影响因素研究 [D]. 东北师范大学，2012.

53. 朱小燕. 生态学视野下的中小学教师学习方式研究 [D]. 西南大学，2012.

54. 沈杠云. 小学教师校本学习实证研究 [D]. 广州大学，2012.

55. 白向呵 . 教师远程学习过程及影响因素研究 [D]. 河南大学，2012.

56. 高妍 . 基于扩展学习理论的教师学习模式研究 [D]. 杭州师范大学，2012.

57. 王娜 . 中小学教师运用社会性软件学习的研究 [D]. 四川师范大学，2012.

58. 周娣丽 . 教师校本学习研究 [D]. 首都师范大学，2011.

59. 胡炜 . 农村教师学习的现状、问题与改进策略研究 [D]. 西北师范大学，2011.

60. 杨丽 . 教育变革中教师学习共同体的建设策略之个案研究 [D]. 华东师范大学，2011.

61. 方红兰 . 课例研究在促进英语新手教师专业学习中的作用 [D]. 南京师范大学，2011.

62. 林克松 . 初中教师校本学习环境研究 [D]. 西南大学，2011.

63. 辛冬磊 . 英美中小学教师学习保障机制比较研究及启示 [D]. 曲阜师范大学，2011.

64. 唐小丽 . 中学教师自主学习的激励策略研究 [D]. 四川师范大学，2010.

65. 吴娟娟 . 中小学语文教师自主学习调查研究 [D]. 山西师范大学，2010.

66. 刘伟波 . 教师学习动力研究 [D]. 四川师范大学，2009.

67. 伊萍 . 西部地区农村学校小学教师学习策略研究 [D]. 贵州师范大学，2009.

68. 严华芹 . 网络环境下教师校本学习研究 [D]. 南京师范大学，2008.

69. 张洁 . 新课程实施前后中学数学教师学习评价观对比研究 [D]. 陕西师范大学，2008.

70. 王旭 . 教师专业发展中的学习个案研究 [D]. 华东师范大学，2008.

71. 杨学敬 . 小学教师学习现状的实证研究 [D]. 华东师范大学，2008.

72. 程佳莉 . 教师学习惰性探究 [D]. 上海师范大学，2008.

73. 杨文伟 . 社会建构主义观照下的 EFL 教师学习策略研究 [D]. 上海外国语大学，2008.

74. 李志凯 . 小学教师自主学习及其学校影响因素 [D]. 河南大学，2007.

75. 陈洁 . 沪上中学教师学习行为的实证研究 [D]. 上海师范大学，2007.

附录4

近十年有关教师学习与专业发展的外文文献索引

1. Admiraal W., Kruiter J., Lockhorst D., Schenke W., Sligte H., Smit B., ... & de Wit W. Affordances of teacher professional learning in secondary schools[J]. *Studies in continuing education*, 2016, *38*（3）, 281–298.

2. Akiba M., & Liang G. Effects of teacher professional learning activities on student achievement growth[J]. *The Journal of Educational Research*, 2016, *109*（1）, 99–110.

3. Akiba M., Murata A., Howard C. C. & Wilkinson B. Lesson study design features for supporting collaborative teacher learning[J]. *Teaching and Teacher Education*, 2019, *77*, 352–365.

4. Avalos B. Teacher professional development in teaching and teacher education over ten years[J]. *Teaching and teacher education*, 2011, *27*（1）, 10–20.

5. Chow A. W. Teacher learning communities: the landscape of subject leadership[J]. *International journal of educational management*, 2016, *30*（2）, 287–307.

6. Dixon F. A., Yssel N., McConnell J. M. & Hardin T. Differentiated instruction, professional development, and teacher efficacy[J]. *Journal*

for the Education of the Gifted, 2014, *37* (2), 111–127.

7. Ell F., Haigh M., Cochran–Smith M., Grudnoff L., Ludlow L., & Hill M. F. Mapping a complex system: what influences teacher learning during initial teacher education? [J] *Asia-Pacific Journal of Teacher Education*, 2017, *45* (4), 327–345.

8. Girvan C., Conneely C., & Tangney B. Extending experiential learning in teacher professional development[J] . *Teaching and teacher education*, (2016) .*58*, 129–139.

9. Gonz á lez G., Deal J. T., & Skultety L.. Facilitating teacher learning when using different representations of practice[J] . *Journal of Teacher Education*, 2016, *67* (5), 447–466.

10. Gutierez S. B. Collaborative professional learning through lesson study: Identifying the challenges of inquiry–based teaching[J]. *Issues in Educational Research*, 2015, *25* (2), 118.

11. Hargreaves E., Berry R., Lai Y. C., Leung P., Scott D., & Stobart G. Teachers' experiences of autonomy in continuing professional development: Teacher learning communities in London and Hong Kong[J]. *Teacher development*, 2013, *17* (1), 19–34.

12. Hopkins M., & Spillane J. P. Schoolhouse teacher educators: Structuring beginning teachers' opportunities to learn about instruction[J]. *Journal of Teacher Education*, 2014, *65* (4), 327–339.

13. Kennedy A. Understanding continuing professional development: the need for theory to impact on policy and practice[J]. *Professional development in education*, 2014, *40* (5), 688–697.

14.King F. Evaluating the impact of teacher professional development: an evidence–based framework[J]. *Professional development in education*, 2014, *40*（1）, 89–111.

15. Li L., Hallinger P., & Walker A. Exploring the mediating effects of trust on principal leadership and teacher professional learning in Hong Kong primary schools[J]. *Educational Management Administration & Leadership*, 2016, *44*（1）, 20–42.

16. Nolan A., & Molla T. Teacher professional learning as a social practice：An Australian case[J]. *International studies in sociology of education*, 2018, *27*（4）, 352–374.

17. Ning H. K., Lee D. & Lee, W. O. Relationships between teacher value orientations, collegiality, and collaboration in school professional learning communities[J]. *Social Psychology of Education*, 2015, *18*（2）, 337–354.

18. Opfer V. D. & Pedder D. Conceptualizing teacher professional learning[J]. *Review of educational research*, 2011, *81*（3）, 376–407.

19. Popp J. S., & Goldman S. R.. Knowledge building in teacher professional learning communities：Focus of meeting matters[J]. *Teaching and Teacher Education*, 2016, *59*, 347–359.

20. Patton K., Parker M. & Tannehill D. Helping teachers help themselves：Professional development that makes a difference[J]. *NASSP bulletin*, 2015, *99*（1）, 26–42.

21. Stewart C. Transforming professional development to professional learning[J]. *Journal of Adult Education*, 2014, *43*（1）, 28–33.

22. Tam A. C. F. The role of a professional learning community in teacher change：A perspective from beliefs and practices[J]. *Teachers and Teaching*, 2015, *21*（1）, 22–43.

23. Wang T. Contrived collegiality versus genuine collegiality: Demystifying professional learning communities in Chinese schools[J]. *Compare*, 2015, *45* (6), 908–930.

24. Wall C. R. G. From student to teacher: Changes in preservice teacher educational beliefs throughout the learning-to-teach journey. *Teacher Development*, 2016, *20* (3), 364–379.

附录 5

近十五年有关教师学习与专业发展的相关课题索引

- 全国哲社课题

1. 2006：《信息技术环境下创建区域性教师学习共同体的理论与实践研究》，一般项目，中国高等教育学会　马立
2. 2008：《教师学习有效性及有效学习研究》，青年项目，中央教育科学研究所　邓友超
3. 2009：《基于生态取向教师发展观的教师学习方式变革研究》，一般项目，杭州师范大学　林正范
4. 2009：《面向教师专业发展的在线案例学习模式研究》，青年项目，新疆师范大学　赵俊
5. 2009：《国际视域下实践导向的教师培训研究》，一般项目，河南大学　杜静

- 全国教育科学规划课题

2017 年度

1. 国家一般，基于文化批判视角的民族地区双语教师培训研究　中央民族大学　林玲
2. 国家一般，信息技术支持的个性化和持续性教师专业发展模式研究　华南师范大学　徐晓东
3. 教育部重点，基于学习分析的教师网络学习行为预测与干预研究　沈阳师范大学　荆永君

2018 年度

1. 教育部重点，大数据时代幼儿园教师培训体系构建与支持系统研究葛晓英厦门市第九幼儿园

2. 国家一般，基于"互联网＋双师教学"的乡村教师专业发展机制研究广西师范大学　何蕾

3. 国家一般，我国乡村教师工作环境与专业发展的实证研究　信阳师范学院　朱桂琴

2019 年度

1. 教育部重点，基于国家数字教育资源公共服务体系的教师网络学习空间应用研究　沈阳师范大学　寇海莲

2. 国家一般，人工智能助推教师专业发展的机制与策略研究　河南师范大学　朱珂

- 北京市规划课题

2017 年度

　　优先关注课题，教师学习共同体建设模式研究　中国教育科学研究院李新翠

- 北京社会科学基金

2018 年度

1. 一般项目，北京市新手教师道德学习的支持模式研究教育学　中央民族大学　傅淳华

2. 教育学青年项目，供给侧改革视角下首都中小学体育教师专业发展路径研究　首都体育学院　燕凌

后　记

　　北京教育学院是专门从事职后教师教育学术研究与教学实践的专业院校，2017年11月，学院第三次党代会明确提出"建设一流教育学院"的战略目标，学院各项工作的推进都紧紧围绕一这战略目标展开。2018年11月28-29日，北京教育学院成功组织召开了首届"教师学习与专业发展"国际研讨会。本次国际研讨会抓住新时代教师队伍建设的历史机遇，聚焦"教师学习"这一国际前沿主题，将教师学习与发展作为发力点，在中西方教师教育理论与实践的差异中探索优质教师职后培训的发展路径。在召开会议之前，大会筹备组委会就确定了要组织编写和出版这两本著作，并且在会议召开之前就组建了学术研究小组，启动了关于教师教育的学术文献的系统梳理和深入研究，希望以此来梳理和固化首届国际研讨会的成果，也为第二届国际研讨会的延续召开奠定坚实基础。

　　《教师学习与专业发展：关键问题研究与多元实践探索》收录了从大会提交论文中精选的18篇论文，论文作者既包括国内高校教师教育领域知名学者，也包括北京教育学院的科研骨干教师和新秀。《教师学习与专业发展：历史回溯与未来展望》呈现了关于教师教育的学术文献的系统梳理和深入研究，参与这本著作撰写的有北京教育学院副院长钟祖荣教授、北京教育学院科研处处长李雯教授和北京教育学院的刘胡权副研究员、钟亚妮副研究员、王军副教授、陈丹副教授、胡佳怡博士、张玉静博士、刘博文博士等，附录的三个索引由刘胡权副研究员负责整理和编写。作为国际研讨会筹备组委会成员，刘胡权副研究员在两本书出版准备过程中做了很多联系和整理工作。对于各位老师的辛勤付出，在此一并真诚致谢！

编　者

2020年6月

图书在版编目（CIP）数据

教师学习与专业发展：历史回溯与未来展望／何劲松主编．—上海：华东师范大学出版社，2021

ISBN 978- 7-5760-1894-3

Ⅰ.①教…　Ⅱ.①何…　Ⅲ.①师资培养　Ⅳ.① G451.2

中国版本图书馆 CIP 数据核字（2021）第 120636 号

大夏书系·教师学习

教师学习与专业发展：历史回溯与未来展望

主　　编　何劲松
副 主 编　钟祖荣　李　雯
责任编辑　任红瑚
责任校对　杨　坤
封面设计　百丰艺术

出版发行　华东师范大学出版社
社　　址　上海市中山北路 3663 号　　邮编　200062
网　　址　www.ecnupress.com.cn
电　　话　021-60821666　　行政传真　021-62572105
客服电话　021-62865537
邮购电话　021-62869887　　地址　上海市中山北路 3663 号华东师范大学校内先锋路口
网　　店　http://hdsdcbs.tmall.com/

印 刷 者　北京季蜂印刷有限公司
开　　本　700×1000　16 开
插　　页　1
印　　张　14
字　　数　200 千字
版　　次　2021 年 7 月第一版
印　　次　2021 年 9 月第二次
印　　数　2 001 - 4 000
书　　号　ISBN 978-7-5760-1894-3
定　　价　55.00 元

出 版 人　王　焰

（如发现本版图书有印订质量问题，请寄回本社市场部调换或电话 021-62865537 联系）